CIUDADES EN BANCARROTA

La especulación financiera
demoliendo nuestra vecindad

René Bartillac

CIUDADES EN BANCARROTA

La especulación financiera demoliendo nuestra vecindad

CONJURAS

 L.D. Books

Ciudades en bancarrota
©René Bartillac, 2015

 **L.D. Books**

D.R. ©Editorial Lectorum, S.A. de C.V., 2015
Batalla de Casa Blanca Manzana 147 A, Lote 1621
Col. Leyes de Reforma, 3a. Sección
C. P. 09310, México, D. F.
Tel. 5581 3202
www.lectorum.com.mx
ventas@lectorum.com.mx

Primera edición: junio de 2015
ISBN: 978-1537456515

Colección **CONJURAS**

D.R. © Portada e interiores: Mariel Mambretti

Introducción

En julio de 2013, en Estados Unidos de América sucedió un hecho, si bien no del todo inédito, impactante y trascendental. La que fuera pujante ciudad de Detroit, apodada *Motown* porque albergaba buena parte de las grandes terminales automotrices del mundo (como Ford, Chrysler y General Motors), declaró su bancarrota; el mayor de los quiebres municipales en la historia de los Estados Unidos.

Y no era inédito porque un año antes tres ciudades de California habían tomado la misma dramática decisión que ahora Detroit. San Bernardino, Stockton y Mamonth Lakes también se habían declarado en estado de insolvencia. Fueron, sin embargo, los primeros aldabonazos de un lúgubre repique de campanas colectivo, porque la lista siguió.

Y aunque en los Estados Unidos la situación de cesación de pagos —y posterior estado de bancarrota— de las ciudades no era ni es algo nuevo, para el resto del mundo el hecho constituía una anomalía angustiosa.

Sin ser un neoliberal extremo, Paul Krugman ensayó una explicación del fenómeno que disolvía a mazazos cualquier esperanza de previsibilidad para los frágiles entes de carne y hueso:

"Algunas veces los perdedores de los cambios económicos son los individuos, cuyas habilidades se vuelven redundantes..."

Y es digno de hacer notar la fría naturalidad con que Krugman explica el proceso:

"Algunas veces ellos son compañías que sirven a mercados que ya no existen; en otras se trata de ciudades enteras que pierden su lugar en el ecosistema económico. El descenso sucede".

Es escalofriante, sin dudas. Todo es objeto de oferta y demanda, y en ese juego imprevisible no hay nada que no pueda suceder.

Pero para el memorioso ciudadano común estadounidense algún eco habría de haberle sonado. Allá por los años 70, la propia Nueva York, hoy sede del capitalismo financiero mundial, habría sido declarada en quiebra si el gobierno federal no hubiese salido a rescatarla con 2.300 millones de dólares.

Se dice, sin datos precisos, que más de 20 ciudades de los Estados Unidos están hoy al borde de la bancarrota, lo que supone, desde luego, un fenomenal recorte en el valor de las pensiones y una fuerte reducción del empleo público municipal. Y "detrás, está la gente".

Lo que se omite en los grandes discursos oficiales es que esas quiebras son parte de los efectos de un capitalismo rentístico y fuertemente transnacionalizado. Él es el responsable de que los recursos tributarios de una ciudad desaparezcan de un año al otro. Y todo obedece a la ley del mayor beneficio.

Enormes centros industriales en Estados Unidos, Japón e Inglaterra han sido desmantelados, desplazando las fábricas a países del Tercer Mundo, cuya mano de obra barata asegura una mayor renta. La internacionalización de las transacciones monetarias desplaza el dinero de un país a otro en cuestión de segundos, y el triunfo del negocio financiero por sobre el productivo, alterando profundamente la relación de las ciudades con las economías nacionales y, en el bendito mundo globalizado, con la economía internacional.

Es por ello que el fenómeno de la bancarrota de las ciudades, que durante mucho tiempo pareció circunscribirse exclusivamente a los Estados Unidos, hoy ensombrece, por ejemplo, a ayuntamientos españoles o ciudades mexicanas como Jalisco.

Allá por 1991, la socióloga Saskia Sassen sorprendió con un libro que anticipaba, de alguna manera, ciertas respuestas para lo que habría de generalizarse como fenómeno un par de décadas después. *La ciudad global: la centralidad revisada* es el nombre de su obra, y en ella Sassen propone un modelo de ciudad globalmente integrada.

Por entonces, la pensadora holandesa imaginaba a Nueva York, París, Londres y Tokio como ese modelo de ciudades que compartían tener un aeropuerto internacional propio, una avanzada infraestructura de telecomunicaciones, ser sede de importantes empresas internacionales y tener un ambiente cultural propio, entre otras características.

Aquellas eran para Sassen las ciudades globales, las ciudades que habrían de sobrevivir en el futuro cercano. Y no se equivocó, claro. Pero su estudio abrió un interrogante sobrecogedor: ¿cuál será el futuro, entonces, de ciudades como Guayaquil, México o San Salvador, Santo Domingo, Birmingham, o Portland, sólo por nombrar algunas de las miles de ciudades que se desparraman por todo el planeta?

Acaso, Detroit sea la respuesta.

En octubre de 2014 la *Motown* logró reducir 7.000 millones de dólares de deuda pública y levantó el *default* en el que había caído.

Pero la pujante ciudad de las automotrices, que en los años 50 contaba con una población de 1,8 millones de habitantes, hoy apenas tiene menos de 700.000. Miles de edificios han sido abandonados o sufren un estado de deterioro muy grave, y los pensionados han visto mermados sus ingresos significativamente.

Detroit casi no cuenta ya con familias de clase media y media-alta, y la desocupación es el doble de la media en Estados Unidos. El sistema de distribución de agua y el sistema informático necesitan ser reparados y modernizados, pero antes que eso, la ciudad debe atender los servicios de una deuda de 11.000 millones de dólares que aún carga sobre sus espaldas.

Lo cierto es que, de ser correcto el diagnóstico esbozado por Sassen en su libro, Detroit difícilmente será lo que fue; pero, peor que eso, luchará denodadamente sólo por tener un pequeño lugar bajo el sol.

Así las cosas, las preguntas a responder parecen ser: ¿se sembrará el mundo de ciudades casi fantasmas? ¿Existirán –como imaginaron algunos novelistas de ciencia ficción– un territorio confortable en el que habiten los ricos, y otro, desmantelado, desguazado, sin ley, en el que vivan los pobres?

He aquí algunas reflexiones para ver si en algún momento podrán triunfar la racionalidad y el respeto por el hombre, o si el destino de la Humanidad se jugará, definitivamente, en las pizarras que cambian a la velocidad de las volátiles oportunidades financieras.

Capítulo 1
NATURALEZA Y DESTINO
DE LA NUEVA CIUDAD

"Yo extraño mi ciudad, / las luces de mi ciudad /
su brillo, su resplandor/ no puedo olvidar..."

Nacha Guevara

Las últimas tres décadas del siglo XX produjeron no sólo una revolución tecnológica que echó por tierra casi todos los parámetros y paradigmas que regían hasta entonces; también alumbraron una nueva manera de generar riqueza, o el exceso de ella. De pronto, el mundo pareció haberse puesto patas para arriba. Y como nunca, los pocos pasaron a decidir por los muchos.

Si se rastrea con cuidado cuáles fueron los verdaderos motores de esta transformación tan vertiginosa como expulsiva, será posible apreciar que existieron dos locomotoras que arrastraron al mundo a esa "nueva dimensión": Internet y la transnacionalización productiva y financiera.

El 21 de noviembre de 1969, cuando un grupo de científicos logró enlazar cuatro computadoras situadas en puntos distantes, tres en California y una en Utah, el espacio entre las distintas ciudades del planeta había desaparecido.

La investigación (y sus resultados), encargada y financiada por el Departamento de Defensa de los Estados Unidos, no se hizo pública hasta 1972, pero el mayor hallazgo científico del siglo XX ya se había producido, y sus consecuencias no tardarían en aparecer en el mundo del trabajo, del conocimiento y aun del ocio.

En 1999, Javier Echeverría, licenciado en Matemáticas y doctor en Filosofía y Letras y en Ciencias Humanas, publicó la obra que más luz echa sobre el fenómeno de Internet. En *Los señores del aire: Telépolis y el tercer entorno*, Echeverría asegura que la aparición del Internet, lejos de haber sido, simplemente, un enorme avance técnico-científico, ha generado un nuevo espacio social, diferente de los entornos naturales y urbanos en que, hasta entonces, vivían e interactuaban los seres humanos.

El autor considera que hoy el mundo puede ser divido en tres entornos:

+ El entorno natural (el de la naturaleza dada).

+ El entorno urbano (las ciudades).

+ El entorno creado: el de la radio, la televisión, el dinero electrónico, las redes telemáticas, etc.

Este tercer entorno está en su totalidad coronado, desde luego, por la "Internet", la "red internacional", para ir a su original etimología.

Como se ve, para el pensador español este tercer entorno abarca todos los avances tecnológicos que, de una manera o de otra, han suprimido las distancias entre las distintas regiones del mundo.

Dice Echeverría explicando ese tercer entorno al que denomina "Telépolis" (algo así como "ciudad-polis a distancia"):

"Desde el punto de vista metropolitano, los aeropuertos, las estaciones de autobuses y de ferrocarriles, junto con los diversos cinturones de autovías, han seguido desempeñando el papel de las antiguas puertas de entrada a la ciudad y de los caminos y vías que llevan a ella. Telépolis, en cambio, no está asentada sobre un territorio bidimensional que pudiera ser cercado por círculos concéntricos y vías de salida, ni es reducible a un conjunto de volúmenes edificados sobre dicha planta: no tiene perspectiva visual, ni geografía urbana dibujable sobre un plano. Es multidimensional por su mismo diseño, y ni siquiera desde las alturas es posible acceder a una visión global de la nueva ciudad".

La descripción precisa y un tanto fantasmal de la "nueva ciudad" a la que Echeverría denomina con acierto Telépolis, parece haber usurpado (¿acaso definitivamente?) el espacio de los centros urbanos, en los que actuaban los hombres y se asentaba la economía de una región o de un país. Respecto de la economía, dice el pensador español:

"Las empresas industriales no radican ya en aquellas modestas naves de principios de siglo, sino que sus centros de producción, administración y distribución están repartidos por doquier. Las mal llamadas multinacionales son en realidad tele-empresas, que han adaptado su estructura a la nueva ciudad. Los escaparates de las tiendas son, por supuesto, los medios de comunicación, y por lo tanto están en todas y cada una de las casas. Como todavía quedan compradores que mantienen sus viejas costumbres, las empresas conservan locales de venta por relación directa entre vendedor, comprador y mercancía, pero nadie duda de que la auténtica relación comercial tendrá lugar en el futuro a través del teléfono, la televisión y el ordenador".

Este tercer entorno, o E3, como se ve, ya no requiere sostén de un espacio físico como el de las ciudades o incluso el de los países, por lo cual, aquello que en la década de los años 60 hubiera sido absolutamente impensable, hoy se volvió realidad en virtud de la revolución tecnológica, en particular de Internet.

Un mundo inmaterial

Como calificativo de su derecho a existir, hoy hay en el mundo ciudades "viables" e "inviables". O, como califican ciertos estudios que se hacen anualmente: ciudades alfa, beta o gama.

Analizando el libro de Echeverría, Lluís Rius Oliva, docente de la catalana Universidad de Oberta, dice respecto de Telépolis:

"A diferencia de lo que pasa en los entornos natural y urbano, donde la comunicación sólo es posible si hay presencia física y proximidad, los escenarios del tercer entorno se basan en la tele-voz, la tele-visión, el tele-dinero y las tele-comunicaciones. Los adelantos técnicos podrían ampliar estos elementos y crear en el futuro los conceptos de tele-olor, tele-gusto…"

Rius Oliva va aun más lejos previendo el futuro:

"A medida que se vayan simplificando los sistemas de comunicación entre hombres y máquinas, y la voz o la mirada sustituyan al teclado y el ratón, el tercer entorno será cognitivamente más accesible y el número de personas que se conectará de manera eficiente aumentará de manera considerable".

Pero hay, todavía, una cuestión determinante que Telépolis le ofrece al ser humano y que, a contramano de las ciudades, no necesita de edificios ni soportes físicos: la memoria.

El docente catalán recuerda que, en tiempos de organización tribal, solían ser los ancianos quienes conservaban la información que luego iría pasando de generación en generación: mitos, leyendas, técnicas de cultivos, etc. Aquello, claro, correspondía al primer entorno; al vínculo entre el hombre y el ambiente natural.

Con las ciudades y el segundo entorno, llegó la imprenta, y antes la escritura. Ya no era preciso acudir a los ancianos memoriosos, sino que los hombres podían dejar registro escrito e impreso de sus experiencias, de los hechos trascendentes y la historia de su tiempo.

Sin embargo, esa memoria "documental", llamémosla así, requería lugares físicos que la albergaran, hombres que supieran dónde buscarla, de qué forma había sido ordenada, y sólo podía ser conocida por un grupo determinado de personas: aquellas que accedían a dichos documentos, desde el monasterio a la biblioteca, desde el archivo del periódico al de la universidad. Esos documentos, en consecuencia, podían llegar a ser inaccesibles para quienes habitaran a miles de kilómetros del edificio en el que esa memoria estaba albergada. Telépolis, en cambio, ofrece casi toda la memoria que la historia de la Humanidad ha ido conservando, con sólo sentarse frente al teclado del ordenador y solicitar correctamente la información que se requiere.

Escuchemos por último a Rius Oliva:

"Los soportes de almacenamiento, recuperación y gestión van cambiando, y los documentos ya no hace falta que estén físicamente cerca sino que accedemos a su representación electrónica; pueden estar depositados a una gran distancia. En el E3 tenemos mucha facilidad para hacer copias de un documento, lo cual permite que un gran número de personas pueda acceder a él con un costo económico muy bajo".

Acaso, en un futuro no muy lejano, las ciudades no ofrezcan más que ciertos servicios esenciales para quienes sólo siguen allí para contar con un techo que los guarezca del frío y de la lluvia.

El nuevo desarraigo

El proceso de globalización, o transnacionalización, reconoce, sin dudas, dos hitos que le permitieron crecer y desarrollarse: la caída del comunismo soviético y la revolución informática. También, aunque se mencione menos (y se lo procure ocultar), el triunfo de la valorización financiera por sobre la economía productiva.

Lo cierto es que este fenómeno, que varios pensadores hacen nacer en distintos años (incluso en 1492, con el descubrimiento de América, según el economista argentino Aldo Ferrer), produjo un verdadero terremoto a nivel cultural, social, económico y de comunicación en la sociedad humana.

"Empresas multinacionales" y "libre circulación de capitales" pasaron a ser los nuevos becerros de oro en la flamante liturgia económica del triunfante capitalismo neoliberal.

Cómo mejorar la renta, la ganancia, la plusvalía, cómo acelerar la velocidad del retorno de la inversión... Estos son los cuestionamientos que se erigieron en los nuevos desafíos a enfrentar por los seres humanos. Todo debía hacerse y pensarse en función de la multiplicación del capital; el hombre debía estar a su servicio sin importar a qué costo.

Una rara ecuación se hizo carne entre los dirigentes planetarios: sin capital, no hay sociedad humana. El carro era puesto delante del caballo.

La globalización, claro, trajo consigo no sólo el desarraigo en cualquier aspecto, sino que ahora la inexistencia de fronteras permitía movimientos rápidos, por más enorme que fuera el bulto o el monto a transportar.

Si una automotriz estadounidense consideraba que fabricar sus vehículos en Brasil resultaba más rentable, por el bajo costo de la mano de obra respecto del obrero de Detroit, montaba su nueva fábrica en alguna ciudad del país sudamericano, y desmontaba la que tenía en Estados Unidos. En cuestión de semanas, abandonaba la ciudad y hasta el país de origen.

Respecto del dinero en tanto inversiones, o sean los capitales que recalaban en un país para financiar proyectos productivos, gradualmente fueron dejando lugar a los capitales especulativos; aquellos cuyo único objetivo era aprovechar una tasa de interés favorable. Cuando esa tasa dejaba de serlo, esos capitales volaban a otro rincón del planeta.

Así, la globalización, con sus procesos de transnacionalización de las empresas y de la libre circulación de los capitales, fue mandando al arcón de los recuerdos los proyectos de desarrollo nacionales independientes que habían enarbolado países del Tercer Mundo allá por los años 50.

Hoy, las empresas se van asentado en los países del mundo que mejores oportunidades les ofrecen para ampliar sus mercados y para conseguir ventajas competitivas, como pueden ser reducción o eliminación de impuestos, o algún tipo de ventaja arancelaria.

Pero cuando esas condiciones beneficiosas se contraen (o cuando otro país ofrece condiciones más favorables aun) las empresas desmontan sus fábricas para relocalizarlas en algún otro lugar del planeta. El único arraigo posible en esta nueva realidad es el del lucro. Y es tal su peso que no parece tener razonamiento antagónico alguno.

No mires hacia atrás

Más grave aun que el hecho de que esas poderosas transnacionales levantan sus instalaciones en cualquier momento, destruyendo miles de puestos de trabajo, es que, como ninguna de ellas acepta la competencia, trabajan para destruir a las empresas nacionales que les disputan mercado, con lo cual, cuando se marchan suelen dejar tierra arrasada. Como en la maldición bíblica, los capitales se cuidan de mirar hacia atrás, donde sólo quedan ruinas y gente atónita.

Además, esos capitales suelen controlar, o al menos influir fuertemente, en la producción y en la economía del país en el que se instalan, en particular si es un país pequeño o subdesarrollado.

Subraya, a propósito de esto, el brasileño Gustavo Luis Ribeiro:

"Las empresas transnacionales se van caracterizando por ser las que tienen mayor fuerza financiera, mejor acceso a los mercados de dinero, de capitales y de consumo, así como riqueza relacionada con el Estado, lo cual les permite predominar sobre las actividades y empresas productivas, innovadoras, creadoras de empleos y distribuidoras de ingresos, inductoras de desarrollo progresivo, cuyos capitales suelen ser racionales".

A la pesca de rentas más suculentas y de menores regulaciones en sus actividades, las transnacionales no sólo van saltando de país en país, sino que van condicionando a los gobiernos de los países a los que llegan, destruyen la producción local, se ligan con los sectores financieros especulativos, y cuando ya no pueden seguir multiplicando sus ganancias se marchan, dejando desierto a sus espaldas.

Cuando General Motors, o Ford, o Chrysler eran orgullosas empresas automotrices estadounidenses que exportaban sus vehículos a otras partes del mundo, Detroit fue "la París" de los Estados Unidos. Cuando la globalización y la voracidad empresarial las transformaron en transnacionales, Detroit se convirtió en un basurero.

Es así como lo que antes quedaba lejos, ahora golpea las puertas de nuestro propio vecindario. La plaza, la iglesia el edificio comunal y la gente que vive a su alrededor dependen ahora, para existir, de las fluctuaciones de costos y rentas que se verifican a miles de kilómetros de distancia. Pero todo ya está cerca. Y todo se ha tornado endeble.

Bienes intangibles, males reales

Políticos liberales y socialdemócratas de casi todo el mundo han intentado descalificar las críticas, cada vez más severas, que se alzan contra este modelo de economía transnacionalizada. "Son sólo prejuicios ideológicos", suelen decir para desacreditar las críticas.

Los datos, sin embargo, comprueban lo contrario.

En el portal peruano "Sociología Política", el politólogo Pablo Fernández Llerena aporta cifras concluyentes. En la década del 70 del siglo XX, dice, las transnacionales eran alrededor de 7 mil. A mediados de los años 90, la cifra ya rondaba los 37 mil.

Y agrega el politólogo arequipeño que más de dos tercios del comercio mundial se desarrolla a través de las transnacionales, y que la mitad de ese volumen comercial es intraempresa, o sea, se produce entre sucursales de la misma compañía.

Tampoco en términos de creación de puestos de trabajo las transnacionales han mejorado la vida de los pueblos, como se quiere hacer creer. Leamos a Fernández Llerena:

"Algunos expertos argumentan que las transnacionales son la auténtica esencia de la economía global y que son cruciales para el progreso de las poblaciones del mundo en desarrollo. La realidad es muy diferente: las empresas transnacionales emplean sólo un 3% de la fuerza de trabajo mundial (y menos de la mitad de estos empleados está en el Sur). En aquellos sitios en los que son contratados, la contienda entre gobiernos para atraer las inversiones de las transnacionales han provocado una caída espectacular de las condiciones laborales, dando paso a una precariedad que ha perjudicado los derechos de los trabajadores. Y mientras que las grandes corporaciones utilizan su inmenso poder de compra y de acción para coger las riendas de los mercados locales, las compañías locales son literalmente barridas de la escena".

Lo paradójico es que muchos gobiernos se desviven por atraer a esos monstruos que habrán de devastar su tierra, o los convencen de su conveniencia.

Hay más aun. Aquello que podría sonar como curioso y hasta increíble cinco o seis décadas atrás, hoy se ha convertido en una verdad de Perogrullo: económicamente hablando, la mayoría de las corporaciones son más poderosas que muchos de los países en los que operan. Y el politólogo y sociólogo peruano acerca algunos ejemplos, como que las ventas de la japonesa Itochu superan el PBI de Austria, al tiempo que Mitsui y General Motors juntos exceden al PBI de toda África Subsahariana.

La supremacía cultural de la transnacionalización, sin embargo, aunque afecta gravemente a la vida de las personas y, en ocasiones, devasta las ciudades en las que nacieron, tiene mucho más de construcción artificial que de realidad concreta.

Enumera Fernández Llerena: sólo el 3% de la población mundial reside fuera de su país de origen, lo cual demuestra que es una falacia afirmar que, en efecto, vivimos en una aldea global en la que las personas han perdido pertenencia territorial.

Lo que en verdad ha ocurrido es que los distintos gobiernos, en diferentes partes del mundo, han cedido soberanía política y económica a las grandes transnacionales, facilitándoles la libre circulación tanto de capitales como de productos, haciendo descender al máximo la carga impositiva y mejorando las condiciones arancelarias al punto de que, cuando deciden marcharse, nada le ha quedado al país que las acogió.

Muros de cartón

Lo cierto es que la transnacionalización, tal como se la conoce hoy, está generando un grave proceso de marginación de las cuatro quintas partes de la Humanidad, lo cual a todas luces suena insostenible a mediano plazo.

Lejos quedaron los vaticinios reagan-thatcherianos que prometían que la globalización (transnacionalización) acabaría favoreciendo a los países más pobres del planeta, generando desarrollo y prosperidad allí donde había retraso y pobreza.

En un trabajo para la revista *Convergencia*, la politóloga mexicana Luz María Hernández Becerril aborda la cuestión de las alternativas sociales frente a la transnacionalización de capitales.

Dice, introduciendo el tema:

"Hasta ahora la globalización está bajo el control de las elites de los países centrales y responde a la lógica de la acumulación de capital; no ha sido capaz de crear solidaridades entre los países centrales, los semiperiféricos y periféricos, y produce/refuerza desigualdades de todo tipo, como las que se presentan entre los sectores económicos de los países, teniendo como resultado un mayor número de habitantes en el planeta en la pobreza, y en la pobreza extrema".

Un párrafo más adelante, Hernández Becerril acude al ejemplo que confirma sus aseveraciones:

"Una de las características más importantes de este fenómeno económico es que USA-Unión Europea-Cuenca del Pacífico (la 'gran tríada') son las regiones que captan la mayor parte de la inversión extranjera directa, y están organizadas como un oligopolio".

Este camino, sin embargo, tal cual señala la politóloga mexicana, marcha en sentido inverso del que debió haber creado la globalización. En lugar de generar mercados más grandes y poderosos merced al crecimiento y desarrollo de los países periféricos, lo que va logrando es un creciente proceso de mayor marginación al ya existente, y un empobrecimiento general de todas aquellas regiones del planeta que no se corresponden con los países centrales.

Mercados más pequeños y empobrecidos, que albergan a población con escaso poder de consumo, conducirán inexorablemente a mayores niveles de marginación en tanto las transnacionales y los capitales especulativos pretendan seguir multiplicando su renta.

Podemos elegir (cada vez es más difícil, pero no imposible) gente idónea y honesta para que rija los destinos de nuestra comunidad. Pero sólo habrá de administrar, y temporariamente, dentro del escaso o nulo margen que le dejen los intereses transnacionales. Esa es la amarga verdad. Los muros de las ciudades se han tornado de cartón.

Hombres de cualquier lugar

Habrá que admitir también que, más allá de las consecuencias económicas que produjo, la aparición de Internet en la vida del hombre de nuestro tiempo desató un verdadero terremoto en cuanto a las costumbres y los modos de relación.

Dejó de ser necesario, por ejemplo, sentarse a la mesa de un bar con un café delante para tener una charla íntima con un amigo. Hoy, ubicados frente a su ordenador, pueden conversar mirándose a la cara todo el tiempo que deseen, así estén viviendo a mil kilómetros de distancia, o a diez mil. No es lo mismo, desde luego, pero es equivalente, y el reemplazo se ha operado.

La vieja carta, que llegó a ser todo un género literario en el siglo XIX, ha virtualmente desaparecido de la vida del hombre moderno. El correo electrónico ocupó su lugar y viaja de un lado a otro en segundos, sin que medien carteros o centros postales.

Las oficinas, o sea los naturales lugares de trabajo, han perdido la centralidad de antaño. Ya no es imprescindible aquel espacio físico para realizar determinadas tareas. Muchos trabajos pueden realizarse hoy desde cualquier lugar físico, a condición de que se cuente con un ordenador conectado a Internet.

Ni hablar de la revolución comunicativa que produjeron las redes sociales. A través de Facebook y Twitter, por ejemplo, millones de personas de cada rincón del planeta pueden intercambiar ideas y opiniones sin tener que ser intermediados por nadie.

Andreas Metzner-Szigeth, en su trabajo "El movimiento y la matriz-Internet y trasformación socio-cultural", define así el rol de "la red" en la vida cotidiana:

"Internet obtiene su dinámica a partir del hecho de que los usuarios se sientan y 'están enganchados' a estos ordenadores, y que gracias a sus ordenadores y a las conexiones pueden, por un lado, relacionarse con otros usuarios, y por otro lado –y esto no es menos importante–, pueden interactuar con programas siempre que estén presentes en la red en algún lugar, es decir con cualquier usuario humano o agente electrónico en cualquier sitio en el mundo si está conectado".

Leyendo a Metzner-Szigeth, es fácil advertir de qué manera se ha diluido hoy en día la importancia de los espacios físicos, entre los cuales se hallan las ciudades, otrora obligados e inexorables espacios de pertenencia.

Lo que en cambio no ha variado con el paso del tiempo, y se mantiene inalterable desde el hombre de las cavernas, es la casa que cada ser humano necesita para guarecerse de las inclemencias del clima; esas cuatro paredes y un techo que lo abriguen del frío en el invierno, que lo cobijen del sol o de la lluvia.

Pero esa casa, que gradualmente pasará a cumplir la función que en los principios del hombre sobre la tierra cumplía la cueva, puede estar en cualquier lugar del planeta desarraigado, porque, acaso, la pertenencia local deje de tener importancia.

Globalización e Internet, entonces, están en la génesis de un mundo en el que el ser humano (con su fidelidad al suelo propio) parece haber sido corrido del centro de la escena, para que el capital ocupe el rol protagónico. La transnacionalización de las empresas y el dinero por vía de la globalización corrieron al hombre de un lugar central, e Internet permitió que buena parte de todo eso fuera posible, enlazando al mundo entero en la limitada pero vastísima área de acceso de un ordenador.

Globalización e Internet son los grandes aliados de la puesta en marcha de la fase más salvaje del capitalismo. Ese capitalismo despiadado que manda a un ya alarmante número de ciudades a la bancarrota.

Un arma de doble filo

Sin embargo, nada es unidireccional en este mundo, y los aliados pueden, en un abrir y cerrar de ojos, convertirse en enemigos.

Manuel Castells es un sociólogo español que se ha convertido en una referencia insoslayable a la hora de analizar las Tecnologías de la Información y la Comunicación (TIC). En esta área, Castells es el pensador más citado en el mundo entero.

Allá por el año 2005, el periódico *La Vanguardia*, de España, publicó un artículo firmado por Castells con un título provocativo y atrayente: "Neoanarquismo".

En el trabajo, el sociólogo español plantea que, así como Internet ha sido usada por los capitalistas en contra de los pueblos, también los pueblos se valen de ella para combatir a los explotadores de toda calaña y para reivindicar modelos autogestionarios, típicamente anarquistas.

Escribe Castells:

"Basta con seguir los debates, presenciales o por Internet, en el movimiento contra la globalización capitalista para constatar la presencia dominante de los temas anarquistas de autoorganización y de oposición a cualquier forma de Estado ('¡Que se vayan todos!')".

Hasta aquí, nada más hay que reconocer una situación de rebeldía generalizada fundamentalmente en América Latina, y la traumática y referencial experiencia de Argentina en el 2001. Pero más adelante Manuel Castells comienza a desplegar su teoría:

"La gran dificultad para el anarquismo siempre fue cómo conciliar la autonomía personal y local con la complejidad de una organización productiva, y la vida cotidiana en un mundo industrializado y en un planeta interdependiente. Y es aquí donde la tecnología resultó ser una aliada del anarquismo más que del marxismo. En lugar de grandes fábricas y gigantescas burocracias (base material del socialismo), la economía funciona cada vez más a partir de redes (base material de la autonomía organizativa). Y en lugar de Estados nación controlando el territorio, tenemos ciudades Estado gestionando los intercambios entre territorios. Todo ello a partir de internet, móviles, satélites y redes informáticas que permiten la comunicación y el transporte local-global a escala planetaria".

Legítimamente puede pensarse que Castells va demasiado lejos al afirmar que el anarquismo podría llegar a imponerse como ideología a partir de contar con herramientas que le permitan llevar a la práctica en forma efectiva sus principios. Es posible.

Acaso lo que imagina Castells no sea el anarquismo de finales del siglo XIX y comienzos del siglo XX. Tal vez sea un nuevo tipo de movimiento, porque las redes sociales, por ejemplo, ya son capaces de producir hechos políticos, y algunos de gran impacto. Con lo cual, un nuevo y poderoso jugador ha entrado a la cancha disputándoles protagonismo a burócratas, políticos y al propio gobierno de turno.

Y si uno mira muchos de los movimientos juveniles nacidos en las grandes capitales del mundo, ¿no reina cierto *aggiornado* anarquismo en su rechazo total de las instituciones tradicionales y en su confianza a un mundo de intereses más genuinamente conectados a través de la red?

¿Habrá que buscar el porvenir de las ciudades en una afinidad de tribus conectadas a un ordenador, vistas las dificultades de su sostenimiento real?

Lo cierto es que la naturaleza jurídica y la existencia real de la urbe hasta ahora conocida están en dilución. Y el horizonte está sumido en una espesa niebla.

Capítulo 2

CUALQUIERA PUEDE PERDER

"La ciudad no es una suma de piedras,
sino una suma de individuos".

Philippe Starck

La ciudad de Detroit no sólo es el mayor ejemplo de ciudad en bancarrota. También es una suerte de pequeña muestra de lo que fue la deriva del capitalismo desde mediados del siglo XX en adelante. Fundada en 1701 por el oficial francés Antoine de la Mothe Cadillac, quien levantó allí el Fuerte Detroit, y ubicada entre dos grandes lagos, el Saint-Claire y el Erie, Detroit debe su nombre a dos denominaciones posibles: *Citat d´Etroit* (Ciudad del Estrecho) o *le détroit du Lac Érié* (el estrecho del Lago Erie). Detroit es la ciudad más grande del estado de Michigan, y el principal puerto al norte de Windsor.

Sin embargo, el mayor atributo que debería reconocérsele a Detroit es que la ciudad es el paradigma de lo que fue el desarrollo tanto de los Estados Unidos como del capitalismo de posguerra.

Apogeo y ocaso

A comienzos del siglo XX, nacía en el mundo (con indiscutible sede en los Estados Unidos) la industria automotriz. Ford, fundada en 1903, y General Motors, nacida cinco años más tarde, no solamente habrían de ser las líderes de un descomunal salto de la técnica en transportes, sino que ambas eligieron como sede a la "ciudad del estrecho".

Pero no eran sólo Henry Ford y sus socios en el taller alquilado de la Avenida Mack, o William Crapo ("Billy") Durand y su naciente General Motors, quienes habían decidido construir automóviles en aquel comienzos de siglo. Los hermanos Dodge habían trasladado su pequeña fábrica desde Windsor a Detroit, y Walter Chrysler pronto renuncia a la empresa de Durand y comienza con la suya en la "ciudad de los motores".

En los primeros años del siglo XX, Detroit era mucho más que sólo la sede de la naciente industria automovilística. Su ubicación geográfica en la vía fluvial de los grandes lagos la había convertido, ya desde mediados del siglo XIX, en una ciudad rica y próspera. Y gracias al transporte fluvial y a los astilleros que allí se instalaron ya era "la París del Oeste".

Sin embargo, algunos años después de que el automóvil revolucionara al transporte de la época, otros avances en la misma dirección comenzaron a quitarle importancia estratégica a la ciudad de Detroit, porque hallarse en la frontera entre Canadá y los Estados Unidos y a orillas del estrecho entre los lagos Saint-Claire y Erie dejó de ser importante cuando las grandes carreteras, las veloces autopistas y los aviones reemplazaron gradualmente a los barcos.

Pero al terminar la Segunda Guerra Mundial, de nuevo la "ciudad del estrecho", al igual que gran parte del orbe desarrollado en general, comenzó a vivir su época dorada. La decisión de los Estados Unidos y las potencias europeas triunfantes de generar el modelo económico mundial conocido como "Estado de Bienestar", disparó el consumo en casi todo el mundo, y Detroit albergaba en su territorio uno de los objetos del deseo de quienes contaban con el dinero necesario para llegar a adquirirlo (que eran muchos): el automóvil.

Además, la Segunda Guerra Mundial había dejado a una Europa devastada económica e industrialmente. Estados Unidos, por el contrario, había sido ungido por la contienda como el gran proveedor de productos industriales, casi sin competencia alguna. El automóvil, que producían los tres gigantes de la industria (Ford, General Motors y Chrysler), desde Detroit, fue la gran locomotora que arrastró el último gran salto de esa ciudad hacia delante.

En 1950, Detroit albergaba una población de 1,8 millones de personas. Los obreros que trabajaban en la industria automotriz estaban entre los mejores pagados del mundo, y el sindicato que los representaba podía exhibir las mayores conquistas obtenidas por un gremio para sus afiliados. La belleza edilicia de la ciudad y los puestos de trabajo muy bien pagados crearon, allá por los 50, una poderosa clase media blanca que, por cierto, sería la primera en retirarse cuando la crisis comenzó a golpear.

Pero en pocos años, a mediados de los mismos años 50, la situación de la industria a nivel mundial, y particularmente la del rubro automotor, comenzó a cambiar. Europa y Japón comenzaron a fabricar sus propios automóviles, y a competir ventajosamente en cuanto a precios con los gigantes estadounidenses.

Desde el punto de vista social, también en Detroit se inició un cambio de tendencia que se profundizaría. Los hijos de los primeros obreros de las automotrices no reemplazaron a sus padres en calidad de obreros. No volvieron a las fábricas porque la mayoría de ellos se había graduado en la universidad. Sus puestos fueron ocupados por trabajadores de raza negra que emigraban de un sur hostil y carente de perspectivas de progreso.

Al comenzar la década de los 60, el fin de la época dorada comenzó a exhibir sus síntomas más elocuentes. Las automotrices japonesas, que crecían exponencialmente, se quedaban con parte del mercado norteamericano, y las fábricas de autos europeas se fueron apropiando del mercado del Viejo Continente.

Pronto, los directorios de las tres gigantes automotrices, a caballo del proceso de transnacionalización incipiente, decidieron que deberían bajar sustancialmente los costos si no querían ser devorados por las empresas japonesas. Y el único camino era emigrar de los Estados Unidos, pero fundamentalmente de Detroit en donde los poderosos sindicatos habían logrado grandes conquistas para sus afiliados.

Otros puntos del territorio estadounidense y América Latina (México en particular) fueron los nuevos asentamientos de las grandes automotrices. Detroit, entraba en su fase final.

El "juego" de oferta y demanda

En 1979, Margaret Thatcher se convirtió en primera ministra del Reino Unido. Dos años después, Ronald Reagan llegó a la Casa Blanca en los Estados Unidos, y por entonces ya se había desatado la segunda gran crisis del petróleo. Fueron tres hechos históricos que le asestaron el golpe final al proceso de prosperidad y bonanza de Detroit; proceso que, como vimos, se había iniciado en la postguerra y ya por los 60 comenzó a mostrar los primeros síntomas de agotamiento.

Los triunfos electores de Thatcher y Reagan, le pusieron punto final al modelo económico del Estado de bienestar. De la mano de la británica y del ex actor estadounidense, el mundo fue abandonando el capitalismo de la producción para abrazar un neocapitalismo, esta vez de cuño financiero, que apoyó y acompañó con entusiasmo la valorización financiera por encima de la economía de producción.

Así, las grandes fábricas automotrices norteamericanas se encontraron con varios problemas convergentes. Replanteamos tres como mínimo:

+ Los viejos inversores, que los habían acompañado en tiempos de crecimiento, desaparecieron. La Bolsa y la especulación con divisas eran muchísimo más rentables que lo que daba el encender las máquinas y tomar mano de obra.

+ El encarecimiento en el precio del petróleo favoreció a las automotrices europeas y japonesas, que ya venían fabricando autos pequeños con menor consumo de gasolina.

+ Ya no resultaba conveniente seguir fabricando vehículos en lugares en los que debían respetar permanentes luchas y conquista obreras.

Sonaba la hora de abandonar la ciudad que había ostentado, orgullosa, el lauro de tener el mayor ingreso *per capita* de todo Estados Unidos, y que era, además, el símbolo del "sueño americano".

Lentamente la desocupación comenzó a aumentar, la clase media blanca fue abandonando la ciudad, y con ella buena parte del consumo que mantenía en pie a los comerciantes, y que generaba también una gruesa tajada de los impuestos que hacían funcionar a la ciudad.

Para peor, durante los años dorados de las industrias automotrices, los gobernantes de Detroit no se habían ocupado de fomentar el desarrollo de otros sectores económicos capaces de tomar el lugar de los fabricantes de autos cuando esta industria, que había crecido sin competencia, debiese afrontar el agotamiento, como en efecto ocurrió.

Pablo Güiraldes, un arquitecto especialista en urbanismo, y que conoce bien a Detroit, completa el cuadro:

"La crisis de 2008 terminó de destruir el poderío de las tres grandes [fábricas de automóviles], que tuvieron que ser socorridas por el gobierno federal para no desaparecer. Pero todas las localidades donde se ubicaban sus grandes plantas —muchas de ellas ahora cerradas— son ahora pueblos fantasmas, con cuadra tras cuadra de fábricas, casas, edificios públicos, hospitales, estaciones abandonadas. Flint, Michigan, objeto de una famosa película de Michel Moore, es un ejemplo de esta decadencia irreversible".

Buscando las razones por las cuales una ciudad que llegó a ser la tercera de los Estados Unidos acabó en la bancarrota, Güiraldes dice:

"No hay un solo culpable en un momento específico para explicar esta situación, sino una sucesión de procesos que convergieron sobre la ciudad, poniendo a prueba los supuestos por un lado del capitalismo industrial, por otro del sistema de bienestar, y de la capacidad de un país de superar las diferencias raciales en el marco de una economía que permite un juego abierto y permanente de oferta, demanda y, sobre todo, cambio tecnológico. Las redes de contención se crearon en base a los impuestos de una industria sin competencia. Cuando la industria decayó, la red se agujereó".

El largo proceso de degradación económica y social de Detroit comenzó a hacerse muy sensible allá por finales de la década de los 70, pero hacia el año 2000, como bien apunta Güiraldes:

"La fuga de la población de clase media se aceleró, y la ciudad perdió lo que le quedaba de su base de sustento. Sucesivos gobiernos desorganizados y corruptos —el anteúltimo intendente está preso por este motivo— ayudaron a liquidar a la administración..."

Lo cierto es Detroit, como la mayoría de las ciudades estadounidenses, son monoproductivas, o sea: se especializan en fabricar un solo producto, sólo son competitivas produciendo algo específicamente, y siempre y cuando las condiciones de producción y comercialización no se modifiquen.

Paul Krugman, premio Nobel de Economía, en una declaración recogida por el periódico *El País*, de España, definió crudamente la situación de bancarrota de las ciudades, según el párrafo citado en la Introducción:

"Algunas veces los perdedores de los cambios económicos son los individuos, cuyas habilidades se vuelven redundantes; algunas veces ellos son compañías que sirven a mercados que ya no existen; en otras se trata de ciudades enteras que pierden su lugar en el ecosistema económico. El descenso sucede".

Ocurre, además, que, a diferencia de otros países del globo, el extremo individualismo que caracteriza a la sociedad estadounidense aplica también al modelo por el que cada Estado y cada ciudad se ubican frente al gobierno federal. *"No mercy"*. Léase: no hay piedad para quien ha sido empujado al costado del camino.

Adiós, ruidosas maquinarias

La imagen es espectral y proyecta una sombra amenazante para infinidad de otras ciudades del mundo globalizado. La floreciente "París del oeste", con sus casi dos millones de habitantes y una frondosa clase media blanca con altos niveles de ingreso y planes a futuro deslumbrantes, casi se asemeja hoy a una ciudad fantasma.

Barrios enteros conformados por casas y edificios abandonados rodean a las antiguas dependencias públicas, que ya nadie ocupa. Detroit es una ciudad con algo más de 600.000 habitantes, en la que la clase media blanca, la que engordaba las arcas del tesoro con sus impuestos, ya casi no existe; ha emigrado en busca de aquel futuro que había soñado en la "ciudad del Estrecho" pocas décadas atrás.

El 3 de diciembre de 2013, el juez Steven Rhodes aprobó la mayor bancarrota de un municipio en los Estados Unidos, y con ello dictaminó no sólo la estruendosa caída de una ciudad que fuera el emblema del capitalismo norteamericano, sino el final de un tiempo. El martillo de su dictamen selló el final de una época en la que aún se hacía dinero produciendo bienes.

El fallo del juez Rhodes anunciaba que la ciudad ya no podía asumir los costos de una deuda de 18.500 millones de dólares, pero también decía que serían los jubilados y pensionados de Detroit los que cargarían con el gran peso de la bancarrota. Los otros inversores y beneficiarios, desde luego, no. Ellos ni pestañean ni miran nunca atrás.

Aquel día de diciembre, el juez dictaminó que el Tesoro de la ciudad era incapaz de afrontar la deuda contraída, porque para hacerle frente debería destinar 65 centavos por cada dólar recaudado, cuando ya el 40% del alumbrado público no funcionaba y 78.000 edificios habían sido abandonados. ¡Y eso en la gran sede del capitalismo mundial!

Además, la respuesta policial de Detroit ante una emergencia era a esa fecha de inviables 58 minutos; la desocupación, del 18%; la renta *per capita* promediaba los 15.000 dólares anuales, poco y nada en ese medio.

Esa Detroit ya no era aquella pujante ciudad del automóvil de los años 50, que albergaba a una próspera clase media blanca. Esta, algunos años más tarde de los dorados, se mudaría a los tranquilos y arbolados suburbios a los que sólo se podía llegar en auto.

Hace muy poco tiempo, cuando Rhodes declaró la bancarrota, los censos decían que en Detroit el 81,6% de la población era de piel negra; el 12,3% de piel blanca; el 5% era de origen hispano (portorriqueños en particular), y el 1%, asiático. En suma, no había allí ya motivos de algarabía ni oportunidades de multiplicar dinero.

Un desastre ¿natural?

Sí, parece serlo a la luz de la naturaleza impiadosa del capitalismo extremo. Pero el derrumbe de la "París del oeste" había comenzado varios años antes de aquel día de diciembre de 2013. La iglesia de Saint Agnes, con su arquitectura gótica y una construcción que finalizó en 1922, hasta el 2006 albergó a los creyentes católicos de Detroit. Pero cerró sus puertas el 4 de agosto de ese año y fue abandonada. Ni Dios quedaba en la ciudad de los motores. La renta financiera era el nuevo gran Jinete del Apocalipsis.

Como en un filme de tragedia colectiva, la Estación Central Ferroviaria de Michigan, una de las joyas arquitectónicas de Detroit, construida en 1912, cerró sus puertas en 1988. Y el que fuera el lujoso Lee Plaza Hotel, inaugurado en 1929 bajo el reinado del movimiento *art decó*, fue abandonado a principios de los años 90, luego de haberse convertido durante algún tiempo en residencia para ancianos.

También como doloroso símbolo de la decadencia, quedaba el antiguo Teatro de Michigan, con sus techos fastuosos que hoy ofician de cobertura para el estacionamiento de autos. El que fuera el Sanatorio del Monte Sinaí, inaugurado en 1930, también con estricto estilo *art decó* y con la firma de los arquitectos David Spence y Charles Goodman, fue abandonado en 1998.

Tal vez, para un europeo o para un latinoamericano, asumir que una ciudad de su país puede declararse en quiebra sea algo difícil de concebir, pero no para un estadounidense. Así lo explica el politólogo estadounidense Roger Senserrich:

"Las ciudades en Estados Unidos recaudan usando impuestos de propiedad y gastan en educación. Cuando una ciudad pierde población, el precio de la vivienda baja. Si además lo que salen son las clases medias, esta caída es aun más acusada. La ciudad, mientras tanto, tiene que seguir pagando por las escuelas, pero tiene una base imponible menor, así que tiene que subir los impuestos para cubrir esos gastos. Los alumnos que se quedan en la ciudad, además, son pobres y más caros de educar que los que se van, acentuando el problema. Si a esta pérdida de recursos le sumamos previsibles recortes en orden público y un también previsible aumento de la tasa de crimen (Detroit tiene una tasa de homicidios ocho veces mayor que Nueva York, y cincuenta veces mayor que Madrid), la espiral rápidamente se convierte en algo imparable".

Es de entender, con esta lógica implacable, cómo se ven desde el Norte las inversiones que algunos países emergentes hacen en educación: como un gasto sin justificación. A finales de 2013, cuando el juez Rhodes sentenció la bancarrota de Detroit, en la ciudad las propiedades se vendían por un precio simbólico de un dólar, porque casi nadie quería vivir en un barrio sin agua, sin electricidad, sin escuelas ni policía. Habían pasado por allí el tifón de la lógica de mercado, la prescindencia del Estado nacional y los aires de nuevos atractivos para la infinita reproducción del capital.

Una ciudad de muertos vivos

Detroit, sin embargo, no fue quien inauguró la caída de las grandes ciudades de los Estados Unidos. Antes que la "París del oeste", otra de las gigantes quedó a un tris de ir a la bancarrota: Nueva York.

"El amor libre de los setenta era una actitud contracultural que no discriminaba en función de raza, género o clase social. Por eso, Jimi Hendrix le contagió la gonorrea a Danne, la esposa de Robert Hughes, el prestigioso crítico de arte de *Time*. Por eso mismo Nico, el ángel teutónico que hacía punto de cruz en el estudio de grabación mientras John Cale producía el primer disco de los Stooges, le contagió la gonorrea –y no al revés– al Iggy Pop más punk y yonqui de todos los tiempos. Y también por eso mismo Patti Smith empezó a tomar antibióticos ante la posibilidad de que se la contagiara Robert Mapplethorpe, que había comenzado a prostituirse para financiar su carrera como artista".

La elocuente y original pintura que regala la pluma de David Granda refiere, claro, a la Nueva York de mediados de los años 70. Época de amor libre, como es fama, pero, además y menos proclamada, era de mafias, crímenes, drogas y profunda decadencia económica. Tanto que, cuando el alcalde de la ciudad le pidió un salvataje económico al gobierno federal conducido por Gerald Ford, para que evitase la bancarrota de Nueva York, el presidente "lo mandó al diablo". Leamos un poco más a Granda:

"El escenario no podía ser más decadente. En contraste con la apetencia actual por Manhattan, durante las décadas que siguieron a la Segunda Guerra Mundial la clase media blanca emigró a la periferia y se produjo una degradación del centro. Nueva York rozó la bancarrota en 1975, el paro se desató y los servicios sociales se redujeron al mínimo".

El escenario que pinta Granda vuelve a parecernos de ficción hollywoodense, de "cine catástrofe":

"Parte del *downtown* se convirtió en un solar. Son las calles sucias y desiertas por las que camina Jean-Michel Basquiat en bata de laboratorio buscando un muro para pintar un grafiti en The Radiant Child. Es el Nueva York iluminado cada noche por los incendios que provocaban los pirómanos contratados por los caseros de los edificios vacíos que preferían cobrar el seguro a pagar impuestos de propiedad. Es el paisaje desolador de manzanas vacías y edificios abandonados que deparaba un paseo por la calle Houston al este de la Bowery, o por la avenida C".

Al comenzar 1975, la ciudad de Nueva York acumulaba una deuda de 14.000 millones de dólares y funcionaba con un déficit de 2.200 millones de dólares anuales. El alcalde de entonces, Abe Beame, lograría, sin embargo, casi sobre la hora, la ayuda que le reclamaba al gobierno federal para evitar la bancarrota. Fueron 2.300 millones de dólares en un préstamo a corto plazo. Pero el costo para los ciudadanos neoyorkinos fue brutal.

El alcalde despidió a 38.000 empleados públicos, redujo los servicios sociales a su mínima expresión, y durante el año siguiente cerraron sus puertas hospitales, escuelas, bibliotecas; el viaje en metro aumentó de 35 a 50 centavos de dólar, y desaparecieron 26 departamentos de bomberos, por lo que aquellos incendios de los que habla Granda duraban toda la noche y consumían hasta el último gramo de mampostería de los edificios vacíos.

La ciudad del miedo

El círculo vicioso, empero, no se detenía.

Parte de la debacle de la ciudad había sido, como luego ocurriría en Detroit, la migración de la clase media desde el centro hacia los suburbios de Nueva York, con lo cual las pandillas comenzaron a pulular, aumentando la criminalidad y acentuando la migración.

En octubre de 1975, cuando el alcalde Beame pidió socorro al presidente Gerald Ford y al Parlamento, ya había asumido el compromiso de eliminar empleos, por lo cual el sindicato de los policías, previendo la ola de despidos, hizo que sus afiliados distribuyeran en estaciones ferroviarias y aeropuertos carteles con la leyenda: "Bienvenidos a la ciudad del miedo", profundizando más aun el aislamiento de Nueva York.

Paradójicamente, a esa Nueva York destinada a emprender el mismo camino que años después recorrería Detroit, la salvaron y la volvieron a poner de pie los de afuera. La rescató la masiva llegada de inmigrantes a una ciudad que, en un comienzo, ofrecía posibilidades sumamente ventajosas desde lo económico; para rentar una vivienda, por ejemplo.

Un informe del Consejo de las Américas, aparecido en 2014, da cuenta, precisamente, de esa circunstancia:

"Los datos están diciendo: desde la casi bancarrota de Nueva York a mediados de los '70, los inmigrantes se han convertido en la fuerza conductora de la gran recuperación de la ciudad, volviéndola más segura, más asequible y más atractiva".

Más adelante, el trabajo suma un dato que, acaso, deberían tomar en consideración aquellos sectores ultraconservadores de la sociedad estadounidense, que abogan por la deportación de inmigrantes y se oponen ferozmente a la reforma de la ley migratoria que propone el presidente Barack Obama. Dice el informe:

"Por cada 1% de crecimiento de la población inmigrante en la zona de una comisaría, se han cometido 966 delitos menos por año. Esto significa que hasta dos tercios de la caída del crimen en la ciudad pueden ser atribuidos a la inmigración".

Por fin, y a propósito de la reforma de ley inmigratoria, el trabajo del Consejo de las Américas concluye:

"Reformar la política migratoria de los Estados Unidos ayudaría a Nueva York a continuar atrayendo inmigrantes empeñosos y trabajadores, que han hecho la ciudad dinámica y de clase mundial tal como lo es hoy".

El informe recuerda que, a comienzo de los años 70, el porcentaje de inmigrantes que habitaba Nueva York era de apenas el 18%. En la actualidad, en cambio, el porcentaje se ha elevado al 37%.

La composición de la masa de inmigrantes, tal cual informa la alcaldía de la ciudad, habla de un 28% de asiáticos, un

19% de caribeños no hispanos, un 16% de europeos y un 4% de africanos. Gente "indeseable", en suma.

Historia de una ciudad

Para dejar claro el concepto: a pesar de la mirada ultramontana de los conservadores republicanos en relación con los inmigrantes, Nueva York no sólo vuelve a ponerse en pie, sino que nació y se desarrolló gracias a los extranjeros.

Fue Giovanni da Verrazano quien descubrió ese territorio, cuando el 17 de abril de 1524 ancló cerca de la bahía de Nueva York. Un territorio que, por los datos antropológicos disponibles, estaba habitado por distintas tribus nativas, entre ellas la de los Manahattoes y la de los Canarsies.

Y fueron inmigrantes holandeses quienes, en 1626, fundaron, en el extremo sur de Manhattan, Nueva Amsterdam, una villa que rápidamente se convertiría en una pequeña ciudad. Esa ciudad fue ocupada, en 1664, por una flota inglesa, la que la capturó sin oposición de los habitantes y la rebautizó Nueva York, en homenaje a su Duque de York.

En su historia de la fundación de Nueva York para la *National Geographic*, el historiador Carlo Caranci cuenta:

"En los primeros años del siglo XVII se fundaron en la costa este de Norteamérica numerosas colonias europeas: de ingleses, presentes desde 1607 en Jamestown (Virginia); de holandeses; y, algo más tarde, en 1634, incluso de suecos. Los holandeses, gran potencia comercial de la Europa de entonces, llegaron a América siguiendo el rastro de un navegante inglés contratado por la Compañía Holandesa de las Indias Orientales, Henry Hudson, que en 1609 exploró porciones de la costa del este americano […]. En 1613, una expedición holandesa remontaba el Hudson y al año siguiente se fundaba Fort Orange, hoy Albany, capital del Estado de Nueva York".

La historia cuenta que los primeros holandeses, para poder asentarse en el extremo sur de Manhattan, debieron negociar con los indios canarsie, a los que les compraron, por el equivalente de 25 dólares de entonces, 9.000 hectáreas de terreno. La transacción fue en florines (60), pero en realidad no hubo moneda como bien de intercambio, sino objetos que para los nativos eran valiosos.

Lo cierto es que en 1667, al concluir la guerra Angloholandesa, los holandeses les entregaron la ciudad de Nueva York a los ingleses, en virtud del Tratado de Brenda. Ya en 1785, Nueva York comenzaba a convertirse en esa suerte de faro de los Estados unidos que es actualmente. Ese año, el Congreso Continental (cuerpos de representantes de las 13 colonias en que los ingleses habían dividido a los Estados Unidos) se instaló en Nueva York, con lo cual la ciudad se transformó, en los hechos, en la capital del país recientemente liberado del coloniaje británico.

Habría que esperar, sin embargo, a que comenzase el siglo XIX para que otra gran ola inmigratoria convirtiese a Nueva York en la ciudad más grande de los Estados Unidos.

Antes de la debacle

Para esta gran ciudad que luego estaría a punto de sucumbir, la presencia masiva de inmigrantes o incluso la ocupación a manos extranjeras fue una constante durante muchos años. Durante la Guerra de la Independencia, en Nueva York se libró la sangrienta batalla de Brooklyn, en la que triunfaron los ingleses y así mantuvieron a la ciudad bajo su control hasta el fin de la guerra.

Hasta finales del siglo XIX, Nueva York era una ciudad bulliciosa, atractiva, en constante crecimiento pero, si se quiere, desarticulada. Se dividía en cinco *boroughs* (distritos): Manhattan, Queens, el Bronx, Brooklyn y Staten Island. Aunque sólo Manhattan y el Bronx conformaban una unidad política. Recién al terminar el siglo, los cinco distritos formaron parte de una sola Nueva York.

En las primeras tres décadas del siglo XX, la gigantesca ciudad estadounidense comenzaba a tomar las forma edilicia que la identificaría en el resto del mundo. Centros comerciales, industriales y de comunicaciones florecían aquí y allá en la ciudad. En paralelo, Manhattan iba siendo ocupada por enormes rascacielos.

Pero ya antes de que comenzara la Segunda Guerra Mundial, acaso como producto de la Gran Depresión económica que asoló al país al comenzar los años 30, la clase media que habitaba el centro de la ciudad comenzó a mudarse hacia los suburbios, inaugurando un tipo de movimiento interno que haría eclosión una vez terminada la Segunda Guerra Mundial.

Durante aquellas décadas, casi no hubo llegada de inmigrantes a una ciudad que se deterioraba gradualmente, en la que florecían los conflictos raciales, y en la que la criminalidad aumentaba cada día. La ciudad iba convirtiéndose en ese territorio hostil y apestoso que tan bien describió David Granda:

"La Bowery era la calle de los cines pornos, las destilerías de ginebra, las chamarilerías y las flophouses, hoteles para mendigos y borrachos terminales con cubículos por unos pocos dólares. Había más de doscientas [...] A uno de los últimos de estos hoteles de mala muerte, The Whitehouse Hotel, con un nombre un poco cínico y que cambió de manos en 2007 para lavarse la cara, acudían con frecuencia periodistas y cineastas a la caza de historias, seducidos por la tentación del fracaso. Es la Nueva York que ve Robert de Niro en *Taxi Driver* (1976): 'Por la noche salen todos los animales. Putas, coños apestosos, sodomitas, travestis, maricones, toxicómanos, yonquis. Todo es asqueroso e inmundo. Algún día una lluvia de verdad se llevará de las calles toda esta escoria'".

Nada quedó de esa ciudad invivible y peligrosa de los tiempos en que Abe Beame fue mandado al diablo por un, aparentemente, desaprensivo Gerald Ford. Pero Detroit se convertiría en el gran escarmiento, y en el símbolo de que lo que pasó podía volver a pasar. Había que estar a la altura de los tiempos. Y los que corren son los de la cruda apetencia financiera, donde las ciudades todas (ni hablar de las de los países periféricos) son castillos de naipes ante el poderoso soplo de la usura.

Capítulo 3
TU CIUDAD, TU PAÍS, EL MUNDO

"La obra maestra de la injusticia
es parecer justo, sin serlo".

Platón

Se ha dicho, con razón, que si California fuera independiente se ubicaría como el cuarto Estado mundial con mayor cantidad de ricos por metro cuadrado. Sólo Estados Unidos, Rusia y China estarían por encima de California.

En paralelo, algunas de las ciudades que integran el Estado ubicado en la costa suroeste del país están entre las más pobres del país. Entre ellas, precisamente, San Bernardino y Stockton, dos de las ciudades que se declararon en quiebra en 2012.

San Bernardino, una ciudad de 210.000 habitantes, enclavada en el Valle de San Bernardino, a 134 kilómetros al este del océano Pacifico, rica en agua (posee uno de los mayores acuíferos subterráneos de los Estados Unidos), pero con una economía que se basa, fundamentalmente, en el comercio minorista y empresas de servicio, tiene al 34,6% de su población por debajo de la línea de pobreza.

La gran fuente laboral con que contaba la ciudad era la Base Aérea de Norton, la que fue cerrada en 1994 haciendo que la desocupación en San Bernardino se disparase hasta el 12% de la población económicamente activa. Desde entonces, el nivel de desempleo mejoró, pero el ingreso *per capita* de los habitantes no. Con un ingreso promedio de 20.480 dólares anuales, los habitantes de San Bernardino perciben cerca de la mitad de lo que son los ingresos promedios del resto de la región.

Así, los primeros días de noviembre de 2012, los concejales de la ciudad aprobaron la declaratoria de bancarrota. Con un déficit de 45 millones de dólares, lo que llevaría inexorablemente a no poder pagar los salarios de los trabajadores municipales, ni las pensiones.

Burbujas y deserciones

Sin embargo, al igual que Detroit y que otras ciudades de los Estados Unidos, San Bernardino fue una de las tantas víctimas del nuevo capitalismo financiero. En los años 80, cerró sus puertas una de la mayores productoras de acero del mundo, asentada en San Bernardino, la Kaiser Stell, y con ella huyó de la ciudad, para siempre, la posibilidad de una economía sustentable.

Pero San Bernardino no es muy diferente de Detroit, y acaso ambas sean el preanuncio de un nuevo tiempo para los Estados Unidos porque, si la decadencia del Imperio Romano fue producto de su obsesiva necesidad de expansión territorial, tal vez, el nuevo capitalismo financiero sea el cáncer que destruya a una potencia que se convirtió en tal como cuna del capitalismo de la producción y el consumo.

Dice Adán Salgado Andrade, pensador y viajero atento, respecto de su última visita al país del Norte:

"He constatado varios signos que permiten afirmar la decadencia de Estados Unidos, sobre todo cuando se ven cada vez más indigentes en las calles, desempleados, plazas comerciales semivacías, agencias automotrices con cientos de autos esperando ser adquiridos, miles de casas desocupadas por embargos bancarios, sin nadie que esté ansioso por comprarlas, calles con baches, basura y en mal estado, fugas de agua que no se reparan pronto… y así, teniendo, de repente, la sensación de que no está uno en un país avanzado y 'rico' sino en una nación subdesarrollada".

Sin dudas, no todo el país presenta ese aspecto, y así como San Bernardino y Detroit tienen semejanzas y puntos en común, también toda California y los Estados Unidos pueden compararse. En ambos casos, las desigualdades son obscenamente visibles. Stockton es una de las ciudades más grandes del Valle Central y la número 13 en cantidad de población en el área. Ubicada al norte de California y al sur de Sacramento, esta bella ciudad de más de 291.000 habitantes era una suerte de pequeño paraíso en la tierra mientras la burbuja inmobiliaria crecía sin control.

Escribe Adriana Ortiz, para el periódico *El Confidencial*:

"En 2008, Stockton era una ciudad idílica, todo el mundo quería vivir allí. Se construyó un paseo marítimo precioso, un gran hotel, un puerto deportivo en la ribera del río San Joaquín y un complejo de instalaciones recreativas que pretendían cambiar el futuro económico de la ciudad. Era una urbe inundada de dinero que, además, aprovechó para 'regalar' sin motivo alguno a sus funcionarios públicos enormes beneficios salariales y una buena cobertura médica".

Pero el *boom* inmobiliario que tapizaba con dólares al país a partir de hipotecas basura sobre las viviendas de los estadounidenses, no era más que otro truco criminal del mundo de los negocios financieros, de bancos y especuladores, y no era más que otro "dejar hacer" a los arquitectos financieros bancarios por parte de las autoridades económicas norteamericanas.

Sigamos leyendo a Ortiz:

"El *boom* inmobiliario saltó y la ciudad hizo 'crack'. El estruendo fue ensordecedor [...] Así, su alcaldesa, la demócrata Ann Johnson, comenzó a apretarse el cinturón y recortó en un 25% el cuerpo de policía, en un 30% el de bomberos, y en un 40% el resto de departamento públicos [...] En vez de ahorrar dinero, la disminución de la seguridad agravó de manera considerable la delincuencia en la ciudad agraria. [...] Además de violencia por las calles y un escaso nivel de vida, de los más de 290.000 habitantes que tiene Stockton, cerca del 15% de la población está de paro".

California, esta ex provincia mexicana, rica en extensión, fuerza de trabajo y peculiaridad cultural, no tiene por qué ser una excepción en el arbitrario ir y venir de las fuentes de trabajo.

Bonistas en vez de obreros

Vayamos un poco hacia la otra costa, y veremos que, más allá de los naturales, soplan allí los mismos vientos especulativos. Así, el 9 de noviembre de 2011, el condado de Jefferson, en Alabama, se declaró en quiebra al no poder seguir pagando una deuda de 4.100 millones de dólares.

Ese día, Jefferson se convertía en la primera ciudad que sucumbía ante las garras inmisericordes de los especuladores financieros y sus "aliadas" encubiertas, las calificadoras de riesgo.

La historia había comenzado en 1996, cuando un juez federal dictaminó que el condado de Jefferson debía reconstruir su sistema de alcantarillado, ya que era el responsable de la contaminación que estaban sufriendo las vías fluviales de la región.

Aquellos eran años en los que el dinero abundaba entre banqueros y financistas, y los intereses por los préstamos, razonables. Reconstruir todo el alcantarillado del condado suponía una gran inversión, y la alcaldía de la ciudad decidió emitir bonos para obtener los cuantiosos préstamos necesarios.

Menos de un mes después de la quiebra, decía Brian Williams en *El Militante*:

"Muchos de estos préstamos se refinanciaron en 2002-2003 con apuestas especulativas sobre derivados, haciéndose los pagos del condado a los tenedores de bonos dependientes de su rendimiento. 'Ningún otro gobierno local tiene tanta dependencia en ese tipo de derivados como el condado de Jefferson', observó el *Birmingham News*. El condado ha estado al borde de la quiebra desde 2008 cuando la creciente crisis financiera arrastró la deuda del condado al estatus de bonos basura. El índice de interés subió entonces rápidamente, hasta llegar al 10 por ciento en la deuda del alcantarillado, que en la actualidad ha alcanzado los 3.200 millones de dólares".

Los especuladores, que arrastrarían no ya a Jefferson sino a buena parte del mundo a una crisis económico-financiera monumental, comenzando por los Estados Unidos y continuando por Europa, desangraban a un condado y sus habitantes, aprisionándolos en la salvaje ruleta financiera.

Recuerda Williams:

"Para pagar a los tenedores de bonos, los oficiales del condado han despedido a centenares de trabajadores y han recortado las horas de trabajo y los servicios sociales [...] El condado de Jefferson ha recortado su presupuesto para este año fiscal en casi 100 millones de dólares, ha informado *The Wall Street Journal*, 'y está considerando 40 millones adicionales en recortes fiscales en diciembre'".

Williams recuerda que, en setiembre de ese año, las autoridades del condado habían aumentado el costo de las tarifas del alcantarillado un 8%, y les habían pedido a los tenedores de bonos que, a cambio, recortaran 1.000 millones de deuda. La respuesta fue negativa.

Jefferson se convertía en una más de las fichas del dominó que iban cayendo sobre el tablero. La había precedido Harrisburg, la capital de Pensilvania, y las sucederían otras, como Detroit.

Pero la gran diferencia con el resto de las ciudades que caerían en la insolvencia, era que Jefferson había sido, a todas luces, una víctima del voraz poder financiero y su juego de ruleta.

Ya en octubre de ese año, un grupo de ciudadanos estadounidenses había formado un activo grupo de protesta que se conoció como "Ocupa Wall Street" y se quejaba contra los salvajes buitres del capitalismo.

Entrar con dolor, salir sangrando

Para Jefferson, tanto como Detroit, Harrisburg o Stockton, la salida de la quiebra no fue o no será indolora. En todos los casos, el municipio deberá asumir un compromiso de "ajuste" de sus cuentas fiscales que caerá sobre las espaldas de sus ciudadanos, con desocupación y pérdida de beneficios sociales, entre otras cosas.

Tampoco será indoloro el futuro.

En términos generales, especuladores y prestamistas suelen ser crueles con quienes caen en la insolvencia. El crédito no regresa por un largo tiempo, y si lo hace es a tasas altísimas, capaces de conducir a una nueva quiebra.

Pero mucho peor que eso, tal cual lo vienen comprobando varios países de Europa que cumplen a pie juntillas los designios de la *troika* (FMI, Banco Europeo y Comisión Europea) asentada en Bruselas. La austeridad que se les exige a dichos países, y también a las ciudades que pretenden salir de la quiebra, paralizan la reactivación del consumo.

Eso conduce inexorablemente a que empresas y negocios no vendan más, con lo cual ni habrán de generar más puestos de trabajo ni habrán de pagar más impuestos. Así, la recaudación no aumenta, los intereses de los acreedores continúan corriendo, y la única manera de volver a cerrar (temporariamente) la ecuación es produciendo un nuevo ajuste en las cuentas fiscales; o sea, nuevos despidos y nuevos recortes en los beneficios sociales. Esto lleva a un nuevo descenso del consumo, y el perverso ciclo se reinicia.

Lo que ocurre, en realidad, es que las políticas económicas que se les impone a ciudades o incluso países que han caído en la insolvencia, no están destinadas a que el país o la ciudad puedan emerger de tal situación.

Leamos al economista Miguel Montanyá Revuelto, docente del Departamento de Economía Aplicada de la Universidad Complutense de Madrid:

"El objetivo principal de las políticas de ajuste no es otro que la elevación de la tasa de ganancia, creando nuevas condiciones favorables a la valorización del capital en el circuito productivo. Dichas condiciones se resumen en una ampliación y reestructuración del espacio de acumulación y, especialmente, en un aumento de la tasa de plusvalía".

Analizando concretamente el caso de las políticas de ajuste practicadas en los años 90 en Argentina, Montanyá Revuelto llega a una conclusión en el área social que, sin embargo, puede ser hoy aplicada a cualquiera de las ciudades que pactaron planes para salir de la quiebra.

Dice el economista español:

"Las políticas de ajuste supusieron, desde el punto de vista distributivo, una importante regresión social, creciendo sustancialmente la desigualdad, tanto en la distribución funcional del ingreso como por estratos, y quedando excluida de la dinámica de crecimiento la mayor parte de la población".

Continentes, países, ciudades, nada se salva de una lógica de especulación desenfrenada que es como una serpiente devorándose glotonamente la cola. La virtud (si es que puede hallarse alguna) que tienen las crisis de las ciudades es que permiten ver en una escala inferior los orígenes del mal que aqueja, en espiral creciente, a incontables Estados nacionales, sujetos a las mismas perversas leyes financieras.

Todo normal, todo explicable

Vallejo, una bella ciudad californiana de unos 120.000 habitantes, fue la primera señal de alarma verdadera para los especuladores de Wall Street cuando allá por mediados del 2008 se declaró en quiebra.

La prensa ya había dado algunas noticias similares previamente. A Vallejo la habían antecedido, por ejemplo, el condado de Orange (al sur de Los Ángeles) en 1994, y un pequeño pueblo del condado de Riverside, Desert Hot Springs, en 2001.

Sin embargo, para los tiburones de la Gran Manzana, ambos antecedentes podían tomarse con cierta tranquilidad. El condado de Orange había escrito su propio destino al haber rematado fondos, tomando horrorosas decisiones a la hora de decidir las inversiones de esos fondos.

El caso del pequeño pueblito de Desert Hot Springs era diferente pero también "tranquilizador". La bancarrota había sido producto de haber perdido una millonaria demanda, imposible de afrontar con los fondos disponibles. Nada tenía de sistémico.

Vallejo, en cambio, con una población cuyo ingreso medio *per capita* rondaba los 20.500 dólares anuales, había llegado a una situación en la que el 80% de los ingresos tributarios estaban destinados a pagar salarios a los empleados públicos, incluyendo policías y bomberos.

Con ese marco de ingresos insuficientes para cubrir gastos corrientes, Vallejo tenía un déficit mensual de 1 millón de dólares, que al promediar 2008 se volvió insostenible.

En 2011, cuando un nuevo colapso para las ciudades estadounidenses se avecinaba, el economista Roberto Arnaz recordaba la pionera de las quiebras municipales:

"Hace cinco años, Vallejo era un modelo de crecimiento y una de las mejores ciudades del estado de California para vivir. Pero en el verano del 2007 llegó la crisis y con ella la ruina de esta ciudad de cerca de 120.000 habitantes. En cuestión de meses, los precios de las viviendas cayeron hasta un 60%. El desempleo pasó de 4,9% a más del 16% y la delincuencia se comenzó a extender por las calles de esta localidad cercana a San Francisco. La inseguridad llegó hasta tal punto que Vallejo terminó 2010 como la localidad del país con más robos de coches por habitante, con 3.712 sustracciones".

Como suele ocurrir habitualmente, tanto las autoridades de la ciudad cuanto los analistas de Wall Street, culparon por el colapso a los altos salarios percibidos por policías y bomberos. Nada se dijo, en cambio, de la sensible baja en la recaudación por la merma en las ventas minoristas y por la caída en el precio de las propiedades, como producto de la explosión de la burbuja inmobiliaria creada por bancos y especuladores con las hipotecas *subprime*.

La medicina que decidieron aplicar las autoridades de Vallejo para resolver el desequilibrio presupuestario fue la ortodoxa; la misma que tiempo después aplicarían las ciudades que, como Vallejo, entrarían en cesación de pagos: el ajuste estructural.

Se redujo la plantilla de policías (una tercera parte) y bomberos, con el amparo de un juez que autorizó a la ciudad a romper contratos sindicales, y se disminuyó considerablemente el presupuesto para mantener el museo de la ciudad y la piscina pública.

Sin embargo, como inexorablemente ocurre, la medicina del ajuste estructural ortodoxo no hace más que empeorar la situación de una economía enferma. A poco de recortar la plantilla policial, la ciudad fue copada por turbas de delincuentes, aumentaron los robos y los ataques con armas, y la ciudad debió pedir que el condado la proveyera de patrullas policiales para garantizar la calma callejera.

El ajuste estructural, sin embargo, como ya ha pasado en países de América Latina, por ejemplo, nunca tiene fin y nunca es suficiente. Para Vallejo existe además una variable que ésta fuera de su alcance y que va a contrapelo del ajuste: el costo de energía aumenta, junto con el precio del petróleo, y la ciudad no puede dejar de consumir energía.

Morir recortando

Central Falls es una pequeña ciudad situada en el condado de Providence, en el Estado de Rhode Island. Viven allí algo más de 19.000 personas con un salario promedio de 32.000 dólares anuales, algo más de la mitad de los 56.000 dólares anuales que tiene de promedio Rhode Island.

Central Falls no es una típica ciudad estadounidense. Allí casi 12.000 habitantes son de origen hispano, y algo más de 2.000 son colombianos, por lo que a la ciudad se la conoció como la pequeña Medellín. El apodo también se vinculaba con que la pequeña ciudad repartía su actividad económica entre la producción textil y la distribución de droga.

Casi nada hacía prever que esta ciudad tranquila y relativamente ordenada económicamente pudiese haber anunciado oficialmente su bancarrota en agosto del 2011, ante una deuda de 4.800 millones de dólares, inconcebible para una ciudad de ese tamaño.

Ocurrió que no sólo la economía general del país había atentado contra la estabilidad económica de la pequeña ciudad "latina", sino que su alcalde, Charles Moreau, había desfalcado al tesoro de la ciudad, algo que se probaría dos años más tarde, cuando el propio Moreau se confesó culpable.

Pero aquel 7 de agosto de 2011, cuando el apoderado legal de Central Falls, Robert Flanders, anunció la quiebra, los vecinos bajaron las banderas de la lucha que llevaba meses.

Ese día, Flanders dijo:

"Los servicios se han cortado hasta el hueso. Los impuestos se han elevado al nivel máximo permitido. Hemos negociado con el Consejo y los sindicatos de policía y bomberos sin éxito, tratando de lograr concesiones voluntarias, y tratando en vano de persuadir a nuestros jubilados a aceptar la reducción voluntaria de sus beneficios".

Como en el resto de las ciudades, el camino elegido por las autoridades de Central Falls y por sus acreedores fue el ajuste estructural. Ajuste que, curiosamente, fue mucho más salvaje que el que las autoridades de la ciudad habían intentado negociar con sindicatos y jubilados para que se hiciese voluntariamente.

La intención de Robert Flanders era recortar 5 millones de dólares del presupuesto anual, haciendo que la ciudad se arreglase con 17 millones de dólares; presupuesto que, desde ya, exigía el cierre de la biblioteca pública y del centro comunitario. Algo que, sin embargo, ocurrió al declararse oficialmente el estado de bancarrota.

Pocos creen que el camino de la recuperación para Central Falls sea corto o, al menos, no demasiado doloroso. La industria textil no regresará a la ciudad, y los recortes salariales de los empleados públicos (municipales, policías y bomberos), sumados a los aumentos en los impuestos, ordenados por el juez que tramita la causa de la bancarrota, han aplastado el poder de consumo de la población y, paralelamente, la capacidad recaudatoria del fisco municipal.

En setiembre de 2012, el antiguo alcalde Charles Moreau debió renunciar a su cargo y declararse culpable de fraude. Dos meses después, con el 62% de los votos, fue electo en su lugar James Diossa, un joven concejal de origen colombiano (primer alcalde latino en Central Falls), que tiene el descomunal desafío de sacar a su ciudad de origen de un sendero que lleva a la desaparición.

Dice un artículo de *Reporte Índigo*:

"Diossa está al mando de esta pequeña urbe de familias humildes que encara una tarea dantesca: sacar a Central Falls de la bancarrota y la intervención estatal que padece debido a la corrupción y la enorme deuda en el pago de pensiones a sus empleados".

El trabajo agrega más adelante:

"Al mando de la oficina de Central Falls, Diossa dice que su principal tarea, además de supervisar la seguridad, es promover la actividad económica. El municipio carga con el estigma de ser el único en Rhode Island que se ha declarado en quiebra [...] En la ciudad no ha sido fácil afrontar los aumentos de impuestos y recortes presupuestarios que un juez dispuso como medida para salir de la bancarrota".

Desde su asunción, el joven alcalde se ha preocupado por la penosa imagen que transmite la ciudad hacia afuera. No ha logrado recuperar ni un ápice del dinamismo que exhibía allá por los 70, época de su mayor esplendor, pero tampoco, siquiera, el ritmo cansino pero sereno y despreocupado de comienzos del siglo XXI.

Hoy Central Falls es una ciudad con calles semivacías, con taquerías y quioscos por doquier, pero sin una actividad económica que augure un resurgimiento o, cuando menos, garantice la sobrevida económica de la ciudad.

El esperanzador cartel que luce a la entrada, "Central Falls, pequeña en tamaño pero grande en espíritu", parece, en realidad, más que una afirmación, una plegaria.

Para peor, tampoco es cierto que el espíritu de la población de Central Falls sea realmente grande. En su mayoría dueños de pequeños negocios, los habitantes de la pequeña ciudad "latina" han quedado sumamente sensibles y desconfían de las promesas del alcalde y de los concejeros de la ciudad, luego de haber padecido un desfalco de los fondos públicos a manos del anterior alcalde de Central Falls, Charles Moreau, quien fue condenando a prisión tras declararse, como dijimos, culpable del ilícito. Otra ciudad en quiebra. Y van...

La madre de todos los males

Hasta comienzos de los años 70 del siglo pasado, imaginar a una ciudad, en un determinado país, hundida en la bancarrota hubiese sonado como una humorada. Era casi imposible concebir a una ciudad autonomizada del Estado del que formaba parte y, a la vez, del país del que este era parte.

Ocurría, además, que hasta mediados de los años 70 del siglo XX, en Europa, Estados Unidos, Japón y también América Latina, reinaba el ya mencionado modelo económico-político conocido como Estado de Bienestar.

A la salida de la Segunda Guerra Mundial, en buena medida gracias a la prédica de John Maynard Keynes, la coalición triunfante en el largo y doloroso conflicto bélico, liderada por los Estados Unidos, decidió que, a diferencia de lo que habían decidido al terminar la Primera Guerra Mundial, esta vez los vencedores se apoyarían económicamente en la reconstrucción de todos los países arrasado durante la guerra, fueran estos parte de la coalición triunfante, o quienes habían integrado el Eje.

Keynes sostenía, y los líderes políticos de las potencias triunfantes lo apoyaron, que la mejor política que podían llevar a cabo los países, si pretendían asegurar una paz duradera, era lograr un estado de prosperidad ininterrumpido para los habitantes de cada uno de esos países. Pero ese Estado de Bienestar sólo podía lograrse con una fuerte y decidida presencia precisamente del Estado, que regulase las relaciones económicas y el mercado.

La idea dio resultado, y la prosperidad y crecimiento que experimentó casi todo el mundo hasta más allá de 1973, cuando se desató la primera crisis del petróleo, fue incuestionable.

Pero, desatada la crisis, el desorden económico internacional que produjo la decisión de los países árabes respecto del petróleo, empujó a las potencias europeas, a Estados Unidos y a Japón, a revisar la política keynesiana que venían llevando adelante desde la postguerra y, en definitiva, a abandonarla. Monetaristas y neoliberales flamantes comenzaron a hacer pesar su pensamiento y sus políticas, todas ellas en las antípodas del keynesianismo y la valorización del Estado como regulador y equilibrador de las fuerzas del mercado.

Al terminar la década de los 70, con el triunfo de Margaret Thatcher en Inglaterra y luego de Ronald Reagan en los Estados Unidos, el neoliberalismo no sólo se asentó en el mundo como política económica dominante, sino que pasó a convertirse en receta obligada para los países que necesitaran algún tipo de ayuda financiera.

Era la cereza de un postre que muy pocos habrían de paladear.

El hombre como variable financiera

En los años 90, ya el Estado como equilibrador había sido sacado de juego, pero, además, también el capitalismo de la producción había perdido su hegemonía a manos del capitalismo de las finanzas y la especulación.

Toda esta deriva es la que permite entender, a grandes rasgos, la manera en que hoy Estados Unidos y Europa entienden el papel que desempeñan los seres humanos en el planeta. Y, por lo tanto, la indiferencia con la que miran a una ciudad que sucumbe, presa de este nuevo capitalismo de pocos, sin reglas y esencialmente financiero.

En 2008, dos profesores alemanes, Elmar Altvater (economista y sociólogo) y Birgit Mahnkopf (socióloga y politóloga), publicaron un libro que metía el bisturí bien a fondo respecto del desprecio que el nuevo capitalismo financiero siente por el ser humano. "La seguridad humana carece totalmente de importancia", dicen los autores ya en el Prefacio. *La globalización de la inseguridad* es el título de la obra, y Altvater y Mahnkopf definen el objeto de la investigación y la razón de su libro de esta manera:

"El trabajo informal es un tema al que se dedican verdaderas huestes de investigadores, especialmente sociólogos. Los economistas, por su parte, estudian las manifestaciones de lo que llamaremos 'dinero informal': el lavado de dinero, el countertrade, la corrupción y los centros financieros offshore, los bancos hawala y la dolarización. Es sólo en los últimos tiempos que los politólogos están prestando cada vez más atención al campo de la política informal, los 'espacios de estabilidad limitada', el desmembramiento del Estado. El campo, sin embargo, se encuentra considerablemente fragmentado: algunos se dedican a la política paralela en los países desarrollados, otros a las estructuras informales en la transición a la democracia; otros más se ocupan finalmente de la privatización de la política, el desmembramiento del Estado y la desintegración del sistema político internacional".

La visión de conjunto de tantos males da como su origen una visión cosificada del ser humano y una endiosada de la renta financiera. Además, sin Estados nacionales desmembrados, idiotizados o colonizados, sería imposible la existencia de guaridas fiscales preparadas para que empresas y especuladores estafen al fisco del país en el que residen y del cual extraen las ganancias que luego fugan o evaden.

Sólo en virtud de Estados idiotizados o colonizados pueden darse situaciones como las que ocurren en los Estados Unidos con fondos ultraespeculativos ("buitres"), como MNL Capital, de Paul Singer, que pleitean contra los países a los que atacan en cortes de los Estados Unidos, pero tienen residencia fiscal en las islas Caimán. Esta histórica guarida fiscal le permite a Singer evadir los impuestos con los que el resto de los ciudadanos, que sí los aportan, les pagan a los jueces que utiliza Singer para perpetrar su negocio de carroña.

Si esto pasa en lo grande, ¿qué no pasará en lo pequeño? Porque, cuando el monstruo de la usura financiera se desplaza, todo bocado le es bueno, incluso el de nuestro municipio.

La ciudad, reflejo del mundo

Uno de los primeros elementos con los que comienzan su trabajo los mencionados investigadores germanos, es el concepto de "informalidad", concepto que contrasta, precisamente, con uno de los principales pilares del antiguo capitalismo de producción de bienes, en donde la "relación de dependencia" en el trabajo era una de sus más marcadas características.

Trabajadores con contratos de trabajo permanentes, con cobertura social, y con protección sindical, eran parte sustancial de lo que definía al aporte obrero en la economía de mediados del siglo XX. Años en los que, no casualmente, la clase trabajadora obtuvo las mayores y mejores conquistas de toda su historia. Y las ruedas de la Historia avanzaban produciendo bienes.

Para el empresario, en tanto, el trabajador en relación de dependencia y sindicalizado (lo que en términos generales garantizaba salarios dignos) suponía la integración de un mercado interno y también externo (porque el modelo se repetía en los distintos países) robusto, estable y con alto poder de consumo. En ese marco, la informalidad laboral era una suerte de lacra en las relaciones de producción.

Dicen Altvater y Mahnkopf respecto de la informalidad laboral en los países desarrollados:

"A comienzos del siglo XXI, el trabajo remunerado en los países desarrollados tiene características de gran fluidez y elasticidad; es cada vez más precario; las condiciones de vida son inseguras; los sueldos y salarios son bajos y no alcanzan para una vida digna. El horario de trabajo que borra el límite entre 'trabajo y vida' obliga a los 'individuos flexibles' a mantener comercializable su propia mano de obra, en una zona gris entre el tiempo de trabajo y el 'tiempo libre', por responsabilidad propia y a su propio costo, mediante reiterados esfuerzos en las áreas de capacitación, autogestión y autocomercialización. El Estado social, con sus normas de protección para el trabajo, está en retirada en todas partes y el 'sector informal' va a la vanguardia, tanto en el sur como en el norte, en el oeste como en el este del planeta".

El vertiginoso y masivo avance de la informalidad laboral en el mundo es, sin dudas, tal cual lo muestran con toda nitidez los investigadores alemanes, uno de los grandes responsables de que las ciudades que ayer eran autosustentables, hoy se vuelvan deficitarias y vayan hacia la bancarrota. Hablamos de ciudadanos que ya no tienen un empleo fijo, que ni siquiera trabajan todos los días de la semana, que han perdido, por ejemplo, toda la cobertura médica que otrora les garantizaba un trabajo en relación de dependencia. Por añadidura, esa informalidad ha deprimido considerablemente su salario, y el habitante de determinada ciudad ve mermada no sólo su capacidad de consumo sino, incluso, su capacidad contributiva. Cualquier ser humano elige comer antes que pagar impuestos. Y así irán los fondos de las ciudades.

Sin necesidad de buscar demasiado, Central Falls es un excelente ejemplo de lo que supone para una ciudad la informalidad extendida. Sin las antiguas fábricas textiles, quienes decidieron seguir viviendo en Central Falls tuvieron que resignarse al trabajo informal como modo de subsistencia. Pequeños negocios o profesionales que trabajan por cuenta propia constituyen el paisaje laboral de una ciudad con escasas posibilidades de resurgir.

Pero si la informalidad precariza enormemente a los trabajadores, el mercado laboral no ofrece perspectivas más promisorias.

Dicen Altvater y Mahnkopf que, de acuerdo con la información que suministra la Organización Internacional del Trabajo (OIT), la mano de obra potencial que existe en el mundo es de tres mil millones de personas.

De ese total, un tercio está desocupado o subempleado, y la mitad de los trabajadores con empleo recibe un salario que no le permiten a él y a su familia ubicarse por encima de la línea de la pobreza.

Agregan los autores:

"De cada 100 activos, 6 carecen totalmente de trabajo remunerado, 16 reciben una remuneración que no es suficiente para poner a los miembros de su familia que de él dependen por encima del límite mínimo de pobreza de 1 dólar estadounidense por día, y entre los 78 restantes hay muchos que reciben un ingreso mínimo que no alcanza a cubrir el costo de vida".

Frente a semejante escenario, no resulta difícil anticipar que, si el proceso de deterioro de ingresos de las personas (sea por tener que recurrir a la informalidad, sea por percibir salarios indignos) continúa, tal cual pronostica la OIT, muchas otras ciudades en los Estados Unidos e incontables en el resto del mundo se declararán en bancarrota.

En cuanto a la perspectiva de futuro, Altvater y Mahnkopf recuerdan que los actuales modelos de crecimiento económico de los diferentes países del globo no tienen la capacidad de crear puestos de trabajo suficientes como para absorber el aumento de la población económicamente activa. Además de que buena cantidad de los puestos de trabajo que crean, no aseguran salarios capaces de asegurar la subsistencia.

Los autores subrayan, también, que parte de este fenómeno de exceso de mano de obra, en relación con lo que puede absorber el modelo de crecimiento global, puede situarse entre los años 80 y 90, cuando, China, la exUnión Soviética y la India se abrieron al mercado mundial, volcando al mercado laboral planetario alrededor de 1.400 millones de trabajadores, en su mayoría no sindicalizados. Se favoreció de este modo a las grandes empresas transnacionales que, como en el caso de la automotrices de Detroit, fueron asentando sus fábricas en ciudades o países en donde el costo de la mano de obra es más bajo, los impuestos son más reducidos, y las posibilidades de elusión al fisco más altas. Y de las antiguas ciudades prósperas sólo quedaron ruinas.

Sólo hay que mirar cuál es la fuente laboral de la ciudad que habitamos. Y pensar que los males aquí enumerados no son tratados como tales, sino como santificadas reglas de relaciones económicas (financieras, en verdad) que no tienen por qué cambiar.

Capítulo 4

LOS AYUNTAMIENTOS EN LA CHAMPIONS LEAGUE

"Haciendo uso de un símil futbolístico, se podría decir que España
ha entrado en la Champions League de la economía mundial".

José Luis Rodríguez Zapatero, en 2007

La crisis económica del 2007 que tuvo su origen en los Estados Unidos, más precisamente en las entidades financieras y bancos de ese país, golpeó violentamente en los países de casi toda Europa. Pero uno de los más afectados fue España. Si bien es cierto que, desde finales de la década de los 80, en casi todos los países desarrollados se desató lo que se conoció como "burbuja inmobiliaria global" (o sea un aumento en el precio de los inmuebles, desacoplado del resto de los bienes y servicios que en cualquier sociedad avanzada se consumen), para España ese supuesto *boom* fue una poderosa locomotora que impulsó el crecimiento económico durante casi dos décadas.

El auge inmobiliario, sin embargo, se apoyaba sobre dos patas peligrosamente endebles: una política de crédito expansiva y una creciente deuda hipotecaria por parte de la sociedad. Era obvio que, cuando la política crediticia cambiara, se encarecería la tasa de interés y las hipotecas se volverían imposibles de cancelar para la mayoría de la población.

S.O.S., Ayuntamiento

La burbuja inmobiliaria en España puede perfectamente ser dividida en dos etapas. Una que va desde 1986 a 1992, período en el que aumentan los precios de los inmuebles pero no desata, aún, el proceso de construcción desbocado. Este se desarrolla en la siguiente etapa, que va desde 1996 a finales de 2007, momento en el que el proceso estalla.

El economista madrileño José Manuel Naredo explicó con mucho fundamento el porqué del enorme impacto de la burbuja inmobiliaria en España; impacto mayor que el que tuvo en otros países del Viejo Continente:

"El creciente peso del negocio inmobiliario y de la construcción de viviendas e infraestructuras, colaboradora necesaria de ese negocio, corrió en paralelo con el desmantelamiento industrial y agrario observado tras la adhesión de España a la Unión Europea. La construcción se erigió, así, en la verdadera industria nacional, cuyo peso económico se elevaba bien por encima de la media europea, pese a que en España se contara ya con más viviendas y kilómetros de autopista *per cápita* que en los otros países de la Unión Europea".

Era obvio que, cuando la burbuja estallara, como necesariamente iba a hacerlo, el sobreendeudamiento de familias y empresas del sector golpearía de manera salvaje a la economía del país y, consecuentemente, de los hogares de los españoles. Y ello se verificó también en las administraciones comunales, como no podía ser de otra manera.

Lo llamativo incluso a escala nacional, sin embargo, fue la escasa reacción de políticos y economistas ante las señales que, ya a comienzos de 2007, comenzaban a llegar desde el sector inmobiliario. En marzo de ese año, el periódico *El Confidencial*, de España, con la firma de Fátima Martín, daba cuenta de un lapidario artículo publicado en el corazón económico-financiero de Estados Unidos, que se ocupaba del *boom* inmobiliario español:

"La economía española está inmersa en un *boom*. Sobre todo su mercado inmobiliario, con precios que han crecido más del 180% en la década pasada".

El párrafo, reproducido por *El Confidencial*, había sido escrito por Bret Stephens, en el *Wall Street Journal*, quien más adelante señalaba:

"Sólo este año [en España] se construirán 800.000 nuevas viviendas, más del doble que en Francia, que posee 17 millones de habitantes más y donde los precios de las viviendas alcanzaron una respetable subida del 128% en los pasados 10 años".

El articulista estadounidense lanzaba después dos advertencias que, de haber sido tenidas en cuenta por las autoridades económicas del país, podrían, acaso, haber matizado un poco el brutal impacto que se produjo a finales de ese año. Decía Stephens:

"Una corrección inmobiliaria tendría un gran impacto sobre la economía, cuyo dos motores son el consumo interno y la construcción. Este es un ciclo que se retroalimenta y podría derivar en un frenazo brusco".

A renglón seguido, y al modo de un docente frente a sus alumnos, el periodista norteamericano especializado en economía explicaba cuáles serían las consecuencias del "frenazo" del que hablaba:

"La construcción no es el tipo de industria que da productividad para competir en una economía globalizada. Una vez que se frene, será difícil recolocar en otro sitio el exceso de mano de obra. El primer ministro, José Luis Rodríguez Zapatero parece contento de continuar con las reformas introducidas por sus antecesores. Pero, a menos que Madrid lo evite, al *boom* español le seguirá pronto la familiar mediocridad del pasado".

En septiembre de 2007, o sea, seis meses después del artículo publicado en el diario de negocios de Estados Unidos, los primeros sacudones de la crisis que se venía, producto del pinchazo de la burbuja, comenzaron a sentirse en Estados Unidos, Europa y, en especial, España.

Así lo decía Carlos Sánchez para *El Confidencial*, periódico especializado en economía y negocios:

"La crisis de los mercados del dinero en la Unión Europea, y en menor medida en Estados Unidos, tiene en España un agravante toda vez que ha coincidido en el tiempo con el agotamiento del *boom* inmobiliario, algo que, desde luego, no ha sucedido en otros países, en los que las recientes turbulencias son por el momento estrictamente financieras. En el caso español, la actividad económica ha estado sostenida por el endeudamiento, con tasas de crecimiento superiores al 30% hasta hace pocos meses, por lo que si se restringe el crédito las consecuencias son obvias: menos actividad y, por lo tanto, menos empleo".

Como en Detroit, como en San Bernardino, y como otras florecientes ciudades de Estados Unidos, la pérdida de empleos y el achatamiento de la actividad económica empujaron hacia la bancarrota (declarada o "técnica") a varias ciudades de España. Jerez de la Frontera, León, Ceuta y hasta la misma Madrid no estuvieron exentas de estos cimbronazos, e hicieron oír angustiosos pedidos de socorro antes de bajar, como tantas otras, los brazos.

Una economía a los tumbos

Las crisis económicas, cuando se prolongan en el tiempo, terminan poniendo en entredicho cuestiones tales como la institucionalidad, el entramado social y hasta el modelo de representatividad vigente.

Todo esto ocurre en Europa a partir de la crisis económica que comenzó a finales del 2007 y no permite que, de momento, se vislumbre por cuánto tiempo más seguirá azotando al mundo en general y a Europa en particular.

Pero la crisis no sólo ha derrumbado la calidad de vida de millones de personas; no sólo ha destruido millones de puestos de trabajo y ha resentido severamente el consumo, sino que ha puesto en cuestión algo muchísimo más profundo: la razón de ser de la zona euro de la Unión Europea.

Hoy, esos países a los que las potencias europeas consideran como periféricos, España, Portugal, Grecia, etc..., se preguntan si, en efecto, no fue un gravísimo error haber aceptado compartir moneda con economías muchísimo más desarrolladas, tecnificadas y eficientes, como las de Alemania o Francia, por ejemplo.

Entre 1996 y 2004, la productividad por trabajador ocupado en España ha tenido un crecimiento negativo de 0,14%, mientras que la productividad promedio del resto de los países de la zona euro aumentó un 1,46%.

En febrero de 2013, andando ya el sexto año de crisis económica sostenida, el diario El País, de España, en un editorial reflexionaba sobre cuestiones que iban más allá de lo estrictamente económico:

"Con ser muy grave la crisis económica por la que atraviesa España, con su dramática consecuencia de seis millones de parados y un empeoramiento general del nivel de vida, su importancia palidece si se la compara con la crisis política e institucional que el país afronta [...] Coincide esta situación con el final de un ciclo histórico y la apertura de una nueva etapa llena de incertidumbres. Algunas de las cuestiones que se plantean no son exclusiva ni prioritariamente españolas [...]. Las inquietudes en torno al futuro de la Unión Europea y la moneda única forman parte de esos desequilibrios que afectan también a nuestra situación nacional".

Luego de poner en entredicho las instituciones emanadas de la Constitución de 1978 y el tipo de ordenamiento social que surgió de la Carta Magna que hoy rige a España, el editorialista introduce algunas cuestiones evidentes y preocupantes que se desprenden del marcado descrédito de la clase política y de un estado de corrupción latente o ya instalada:

"Todo ello sucede además en el marco de una ruptura generacional, cuyos rasgos más definitorios son las dificultades de los jóvenes para encontrar empleo y la nueva facilidad y virulencia con que se expresa su justificado descontento en las redes sociales".

A continuación, el editorial plantea una serie de cambios que deben ocurrir en España en casi todos los órdenes institucionales, como una reforma constitucional que contenga a su vez una fuerte reforma del poder judicial; una profunda reforma administrativa, y también un modelo transparente en cuanto a la relación del Estado y la sociedad con la monarquía imperante en dicho país.

En suma, repensar social y políticamente al país junto con encontrar formas de salir de la crisis económica diferentes del programa que, desde Bruselas, ordena la *troika* que hoy gobierna Europa. Todo esto, además, en medio de un proceso recesivo en materia económica y una deuda externa que ronda el 160% del PIB. Sus intereses se devoran buena parte de los dineros que deberían cubrir pensiones, jubilaciones y asistencia social y médica de la población.

El periodista Alejandro Bolaños resumió perfectamente el intríngulis en el que se encuentra, económicamente hablando, España:

"Para calibrar la magnitud del desequilibrio acumulado por la economía española basta con echar un vistazo al enorme aumento de la deuda externa en los años de bonanza: entre 2000 y 2007 creció en más de un millón de euros, de la mano de una sucesión de saldos negativos récord en los intercambios de bienes, servicios, rentas y capitales con el resto del mundo. Los inversores internacionales cubrían las enormes necesidades de financiación internas, motivadas por el *boom* de la inversión residencial y la fortaleza del consumo".

Semejante cuadro económico (alto endeudamiento, modelo económico poco competitivo y drástico descenso del consumo) puede explicar por sí mismo las razones por las cuales varias ciudades de España han entrado en bancarrota o están cerca de la quiebra, incluida, como dijimos, Madrid, la capital del país. Leamos, por fin, las conclusiones de Bolaños:

"Un endeudamiento tan abultado lleva a bancos, empresas y administraciones españolas a afrontar cada año la necesidad de refinanciar decenas de miles de millones. Una exigencia casi imposible de cumplir cuando la confianza internacional se retira, como se evidencio de forma aguda en los primeros meses de 2012, cuando se evaporaron 300.000 millones de financiación exterior, en lo peor de la crisis económica española".

Lo dramático, empero, es que, en los últimos meses de 2014, la deuda externa había experimentado una leve reducción, en función de los drásticos ajustes llevados a cabo en las empresas. Pero al finalizar el año, y ante una levísima recuperación de la economía, el monto de la deuda externa volvió a aumentar. Además, cabe acotar que poco antes el Ministerio de Hacienda de España había señalado a 500 ayuntamientos como en situación angustiante, con el transoceánico ejemplo de Detroit amenazándolos como una pesadilla de probable realización.

Una atomización cuestionada

Una de las principales batallas que libró Francisco Franco durante sus 40 años de tiranía fue contra el nacionalismo de vascos y catalanes, y la aspiración de estos pueblos por independizarse del resto de España.

Franco murió en 1975, y durante el tiempo de transición política hacia un modelo democrático estable, se fue elaborando lo que se convertiría en la Constitución Nacional que se aprobaría en 1978. Para zanjar la vieja tensión entre separatistas radicales y centralistas furiosos, los constituyentes optaron por un camino intermedio, similar al federalismo de alemanes y estadounidenses, por ejemplo. España fue declarada Estado Autonómico, y a partir de allí, 16 pequeños Estados capaces de darse su propia constitución, su propia legislatura y su propia presidencia convivieron –a veces tensamente– dentro de ese gran país peninsular.

Y si el modelo de las autonomías, políticamente hablando, es hasta hoy día materia de controversia, la crisis económica y las autonomías financieras de las distintas regiones pusieron el debate al rojo vivo. ¿Está España en condiciones de adaptarse a las duras condiciones que propone la economía global con su sistema político autonómico, en que prevalecen las desigualdades marcadas entre región y región?

En un excelente trabajo sobre la España de las Autonomías, escrito por Tomás-Ramón Fernández Rodríguez, otro académico, Rafael Arias-Salgado Montalvo, se ocupa de la presentación y dice:

"La cuestión constitucional más difícil con que ha debido enfrentarse la España democrática ha sido –y es de algún modo todavía– la del Estado de las Autonomías, concepto elusivo para no calificar al Estado español ni como Estado regional ni como Estado federal. Evanescencia semántica o escapismo verbal, reflejo de un viejo problema nuestro, recurrente en nuestra historia, del que la Constitución se ocupa con técnica deficiente, pero con acierto político, porque ha permitido avanzar de manera sustancial en su resolución".

Puede coincidirse perfectamente con el análisis de Arias-Salgado Montalvo, si bien la última frase debería ser puesta en entredicho, con sólo atenerse al último intento de Catalunya por independizarse del Estado español. Vale decir que la forma en que la Constitución de 1978 procuró conformar los históricos reclamos de vascos y catalanes por convertirse en países independientes tampoco logró definitivamente su cometido, a casi 40 años de haber sido promulgada.

El mismo mal para todos

Pero, más allá de los viejos reclamos separatistas, y de las desigualdades evidentes entre las regiones, fue la crisis económica desatada a finales de 2007 la que, ahora sí, abrió a la discusión pública el modelo económico que subyace en el Estado Autonómico. Leamos ahora a Fernández Rodríguez:

"Las Comunidades Autonómicas no han causado, ciertamente, el desastre que ahora vivimos, pero no cabe duda de que han estado a la cabeza. Así lo percibe la ciudadanía, que contempla escandalizada los excesos de sus gobernantes, y así lo perciben también los mercados, que desconfían no tanto o no sólo de que como país podamos salir a flote, sino, sobre todo, de que el Gobierno central sea capaz de reducir a disciplina a esos diecisiete gobiernos autonómicos. Unos Ejecutivos los de las Comunidades Autónomas que han hecho gala desde su aparición en escena de una voracidad insaciable, de un localismo feroz y de una incalificable falta de lealtad al Estado como realidad total de la que forman parte y a la propia Constitución gracias a la cual existen como tales".

Si bien pueden objetarse algunas consideraciones de este distinguidísimo académico, doctor en Derecho, la durísima descripción que hace del modo en que se han manejado las autonomías, en especial respecto del Estado central, es inobjetable.

Pero también es real que la autonomía financiera que las Constitución les otorga a las Autonomías puede volverse una carga insoportable cuando estas deben prestar servicios sin que el Estado central las asista.

Por otra parte, no todas las regiones autonómicas gozan de las mismas potencialidades económicas, y si no se respeta el principio de "solidaridad" entre "todos los españoles", tal cual proclama la Carta Magna, hay ciudades −como ya anticipamos y luego veremos− que marchan inexorablemente a la bancarrota. Leamos, ahora, a dos economistas españoles, Fernando Merry del Val y Díez de Rivera:

"Siendo que la capacidad fiscal de los territorios es muy diferente de unos a otros, el desarrollo autonómico y el progreso de España han tenido mucho que ver con la solidaridad entre nuestras regiones. Tan importante se consideró este principio de solidaridad, que dentro de nuestra Constitución se estableció el instrumento para lograr la efectividad del principio, el Fondo de Compensación Interterritorial. Con el mismo se trató de conseguir que todas las Comunidades Autónomas, independientemente de su capacidad fiscal, pudieran tener las mismas condiciones para prestar los servicios que tienen encomendados".

El problema, que es en especial a partir de la crisis económica pero ya antes se había advertido, era que la solidaridad entre regiones se había pensado desde el gasto (los servicios que sin dudas deben brindarse a los ciudadanos), pero no desde los ingresos. El Estado central, altamente endeudado y habiéndole prácticamente cedido su soberanía económica a la *troika* que ordena desde Bruselas (recordemos: Fondo Monetario Internacional, Banco Central Europeo y Comisión Europea), debió encarar un duro plan de austeridad y ya no pudo asistir a las ciudades más comprometidas en sus finanzas.

Llegaron, entonces, los pedidos de auxilio, las angustias, los estados de insolvencia de los ayuntamientos. Los mismos resultados para los mismos procesos en todo el mundo. Y peores las recetas que la cruel e igualadora enfermedad.

Capítulo 5
La España que hiela
el corazón

"Españolito que vienes / al mundo te guarde Dios, /
una de las dos Españas/ ha de helarte el corazón".

Antonio Machado

La ciudad de Jerez de la Frontera está ubicada en la provincia de Cádiz y es parte de la comunidad autónoma de Andalucía. Es la sexta ciudad más grande de toda España. Relativamente lejos tanto del océano Atlántico (12 km) como del estrecho de Gibraltar (85 km), Jerez, sin embargo, ocupa un lugar céntrico que la convierte en el núcleo de las comunicaciones dentro de Andalucía.

Favorecida por un terreno fértil para la agricultura y la ganadería, la ciudad es internacionalmente conocida por la producción del vino que lleva su nombre, el jerez. También se cultivan hortalizas, cereales y frutas. Además se cría ganado vacuno y equino, y se explota con éxito el turismo debido a que Jerez cuenta con verdaderas reliquias históricas, como la Catedral de Jerez de la Frontera, una iglesia construida en el siglo XVII en estilos barroco, neoclásico y gótico. También en Jerez se alzan la iglesia de San Miguel, levantada en el siglo XV, y el Palacio de Riquelme, casa de dicha familia y que data del siglo XVI. A la luz de los aviesos rumbos económico-financieros, los albores del siglo XXI le trajeron algunas sorpresas también a esta hermosa ciudad.

Vino amargo

En 2012, Jerez, ciudad de unos 210.000 habitantes, acumulaba ya una deuda de 1.000 millones de euros, y debió suspender el pago a sus proveedores para poder abonar los salarios de sus 2.500 empleados públicos. La pésima administración municipal durante muchos años, más la honda crisis económica que golpeó a toda España, colocaron a su ayuntamiento en tal situación de colapso económico-financiero que el fantasma de la bancarrota sobrevoló la ciudad, hasta que la Administración central corrió en su auxilio, aunque imponiéndole durísimas medidas de austeridad.

En 2014, cuando ya Jerez había logrado ordenar parcialmente sus cuentas públicas, el diario *El País*, de España, hacía un recuento de las medidas que había debido implementar la administración de la ciudad:

"El ajuste realizado por el ayuntamiento jerezano para sanear sus finanzas ha dejado una ristra de estampas tristes: cierre temporal de colegios por falta de higiene, deterioro del transporte público, retraso en el pago de las nóminas a funcionarios, despidos de 390 empleados públicos mediante un Expediente de Regulación de Empleo (ERE), rebajas de sueldos y privatizaciones de servicios públicos para sanear las raquíticas cuentas municipales… Algunos de estos ajustes se han producido simplemente porque lo único que sonaba en las arcas municipales era el eco".

Más adelante, el periódico, tras recordar que unos 3.000 municipios adhirieron a un fondo de rescate puesto a disposición por la Administración central para afrontar problemas de insolvencia a condición de efectuar ajustes, señala a una de las mayores causas responsables de las crisis que afectaron a miles de ciudades de España. Dice *El País*:

"Durante unos años, el *boom* inmobiliario lo salpicó todo. La venta de suelo y las promociones inmobiliarias eran máquinas de fabricar billetes que atraían a los más voraces. Muchos alcaldes multiplicaron los ingresos de sus municipios gracias a las licencias urbanísticas, recalificaciones y ventas de parcelas municipales. Crearon estructuras de gastos sobredimensionadas. Ofrecieron servicios públicos que en condiciones normales no podían costear. Y en 2008, cuando el "catacrak" financiero pinchó la burbuja inmobiliaria, cientos de municipios se quedaron con las cajas vacías y una abultada factura".

Sin embargo, el sendero hacia el borde de la bancarrota recorrido por Jerez no es el de muchos municipios embelesados con el auge del ladrillo. La ciudad, cuya principal industria y fuente de ingresos era, precisamente, la vitivinicultura, padeció un golpe brutal en la década de los 90.

En aquella década de pleno apogeo del neoliberalismo y la globalización económica y financiera, se produjo, a nivel mundial, una fuerte transformación en los modos de producción de la industria vitivinícola, acompañada de una fuerte fragmentación de los mercados. El viejo negocio de las bodegas familiares se trasnacionalizó, y otros agentes económicos entraron en el juego.

Dos sociólogas argentinas, Bárbara Altschuler y Patricia A. Collado, explicando las transformaciones de la industria en Mendoza, Argentina, una de las provincias productoras de vino por antonomasia, dan cuenta, sin embargo, de lo que fue esta fuerte transformación a nivel global:

"Sus principales características pueden sintetizarse en: 1) fuerte entrada de capitales extranjeros, produciendo un proceso de concentración y extranjerización vía fusiones y adquisiciones de fincas y bodegas preexistentes y pertenecientes a 'familias tradicionales', incorporando también inversiones [...]; 2) innovaciones tecnológicas en la producción primaria e industrial y mayores controles sobre el proceso de trabajo, centrados en la 'calidad'; 3) reorientación de una parte de la producción hacia vinos de alta calidad destinados a la exportación; 4) creciente integración vertical de las bodegas con viñedos propios y aumento de las tensiones al interior de la cadena entre el sector primario e industrial [...]".

En el caso específico de Jerez de la Frontera, las transformaciones que se produjeron no sólo en el sector vitivinícola, sino en el agro en general, golpearon especialmente duro a un ayuntamiento que vivía básicamente de los productos de la tierra. La mecanización de los procesos agrarios, con la consecuente pérdida de puestos de trabajo, obligó a la administración municipal a instrumentar sistemas de subsidios para los desempleados o, en otros casos, a incorporarlos a la plantilla de trabajadores municipales.

Por último, el proceso de transformación y crisis de la industria vitivinícola, con su ola de fusiones que concluyó con un fuerte proceso de concentración del sector, volvió a destruir empleo, obligando al ayuntamiento a paliar los daños que producía la globalización económico-financiera.

Madrid y León en apuros

En julio de 2013, en España había, además de Jerez de la Frontera, otros tres ayuntamientos al borde de la bancarrota o en quiebra técnica, tal cual la definían su propias autoridades. León estaba en esta última situación, además de Ceuta y Barbate. Todo sin contar a Madrid que, por entonces, arrastraba una deuda de 7.429 millones de euros, lo que lo transformaba en el municipio más endeudado de toda España.

Madrid, no obstante, en virtud de la alta cantidad de población que concentra, tenía una ratio de deuda por habitante de 2.297 euros, y, por ser la capital del país, exhibía una economía muy dinámica que habría de evitar la caída en la cesación de pagos.

Sin embargo, nada menos que Madrid, la capital de España, puso sobre la mesa del Ministerio de Hacienda, en marzo de 2012, 16.720 facturas de proveedores impagas. Unas

1.700 empresas a las que no se les pagaba por servicios como recolección de basura, provisión de agua, alumbrado público, etc. La deuda con estas empresas ascendía a 1017,5 millones de euros. León es, sin dudas, una de las ciudades más emblemáticas y cargadas de historia de toda España. Nacida como campamento militar del ejército romano allá por el 20 a. C, en el 910 la ciudad se convirtió en la capital del Reino de León, participando en forma activa en la guerra por la Reconquista contra los musulmanes. También fue la ciudad en la que se instalaron las primeras Cortes parlamentarias bajo el reinado de Alfonso IX. Y, mucho más acá en el tiempo, León fue una de las ciudades que con su temprana sublevación condujo la Guerra de la Independencia contra el Imperio francés de Napoleón Bonaparte. Pero más allá de lauros militares y políticos, la ciudad alberga un patrimonio histórico muy grande, entre otras razones por haber sido siempre el paso obligado del Camino de Santiago.

Allí, entre sus calles angostas y serpenteantes, se alza la famosa Catedral de León, una enorme construcción de estilo gótico que comenzó a levantarse en el siglo XIII. También la Real Colegiata Basílica de San Isidoro, un conjunto arquitectónico construido entre los siglos XI y XII. Y el Convento de San Marcos, que comenzó a construirse en el siglo XII. Otra atracción leonesa es la maravillosa Casa Botines, diseñada y construida por ese genio de la arquitectura que fue Antonio Gaudí.

Pero nada de todo esto fue importante para los gobiernos del PSOE y del PP que se alternaron en el poder en España, y que acataron los parámetros del lucro financiero internacional, en detrimento del país y su gente.

Las leyes del mercado obligan a marcar el paso, y León, cuya economía siempre se basó en la ganadería, la agricultura, la silvicultura y la pesca, fue cayendo bajo el peso de las urbanizaciones y comenzó a extinguirse gradualmente.

León casi no tiene actividad industrial, más que pequeñas y medianas empresas dedicadas al rubro de la metalúrgica, la química, la cerámica o el vidrio. A mediados de 2013, la ciudad debió declararse en quiebra técnica, por una deuda total de 438 millones de euros. Además, para ser asistida por el gobierno central, la administración del ayuntamiento debió despedir a 274 empleados, indemnizándolos con sólo 20 días de salario. Las recetas a nivel país rigen también para los ayuntamientos comunales. Y sus resultados no difieren.

Como ocurrió con Jerez de la Frontera, también León fue parte de la burbuja inmobiliaria que estalló en 2008. Urbanizaciones, venta de suelos, permisos de construcción, etc., lograron que los euros entraran al tesoro del ayuntamiento, impidiendo observar las trágicas consecuencias que tal huracán le dejaría a la ciudad.

Para una economía básicamente sustentada en los frutos de la tierra, el suelo que fueron ganando las grandes urbanizaciones, los complejos residenciales, y las calles que debieron abrirse, significaron territorio perdido para las actividades agrícolas y ganaderas. Una porción de suelo que la vieja economía local ya jamás podría recuperar.

La pequeña y bella ciudad de León, tierra en la que nació José Luis Rodríguez Zapatero y que tanto festejó cuando su hijo pródigo llegó a convertirse en Primer Ministro del Reino, en la actualidad sustenta su mermada economía en la industria del turismo, especialmente floreciente durante Semana Santa y mucho menos generosa durante otras épocas del año, y en las universidades de Veterinaria y de Ciencias Biológicas, consideradas ambas las mejores de España.

Casi con ternura, el periodista A. Calvo explica para el *Diario de León* lo que los estudiantes significan para la ciudad:

"Son un revulsivo para la economía de la ciudad y muchos son conscientes de ello. Vienen de todas partes de España, y Veterinaria es una de las facultades que más alumnos de fuera continúa captando. Se matriculan en la Universidad de

León y durante cuatro años realizan en la ciudad la mayoría de sus gastos: comen, salen y pagan un alquiler. Un tercio de los 12.515 estudiantes de la institución leonesa procede de fuera de la provincia. Cada uno de ellos se gasta una media de 800 euros al mes, que les dan sus padres".

Lo cierto es que la emblemática ciudad de León, la de las catedrales y los conventos de los lejanos siglos XI o XII, ha debido enfrentar al hostil capitalismo financiero-especulativo, cambiando campesinos por estudiantes, los que le dejan a la ciudad cada mes tres millones doscientos mil euros. Claro, la economía de producción parece ser aquí también un mermado recuerdo. ¿Quién habrá de producir entonces mañana, en un mundo donde los capitales han decidido beber de la yugular de las finanzas antes que echar a andar las ruedas del trabajo?

Contrabando y crisis municipal

La subyugante y casi africana ciudad de Ceuta es otra de las autonomías españolas cuyo destino, en términos económicos, es considerado un gigantesco interrogante. Con una deuda superior a los 260 millones de euros, la ciudad enclavada en la orilla africana del estrecho de Gibraltar suma a sus históricos conflictos territoriales con la vecina Marruecos una inconsistencia que se agrava a medida que el capitalismo financiero-especulativo pone de manifiesto toda su voracidad, en especial sobre el llamado "tercer sector" de la economía. Y éste es el que históricamente ha sostenido a Ceuta: el del turismo, la hotelería, las comunicaciones y los servicios en general.

Conocida popularmente como un enclave español en el norte de África —lo cual no es así—, la ciudad se ubica entre el estrecho de Gibraltar al norte, el Mar mediterráneo al sur y al este, y Marruecos al oeste.

Habitada por algo más de 84.000 pobladores, según el censo de 2013, en ella se mezclan con los españoles ciudadanos de origen indio y magrebí, además de una importante comunidad judía.

Acaso, porque su frágil economía se asienta sólo sobre el sector servicios, y sobre la pesca como única actividad ligada al primer sector de la economía, Ceuta fue favorecida por el gobierno central con el privilegio de ser considerada zona franca (o puerto franco), con lo cual los productos que allí se comercializan están libres de impuestos o gozan de una regulación muy beneficiosa para la economía de la ciudad.

Sin embargo, cruzando a pie la frontera, al otro lado está Marruecos. Según escribe Néstor Cenizo para la publicación digital *eldiario.es*:

"Marruecos no reconoce como frontera comercial el paso de Ceuta. Así que lo que en otro lugar transportarían los camiones, aquí lo cargan miles de mujeres que marchan en hilera y se desloman cada día ejerciendo el contrabando tolerado a través del estrecho paso de El Biutz. Las esperan al otro lado, y cada viaje se paga con hasta diez euros".

No es sencillo para ninguna administración municipal sostener las cuentas de la ciudad, o al menos evitar que marchen irremediablemente al rojo, si buena parte de la economía es "informal", o "negra", o producto del contrabando.

Cenizo apunta que este tránsito de bultos que viajan sobre las espaldas de las mujeres ha consolidado una economía informal muy importante a ambos lados de la frontera. Tránsito que se mantiene activo, vale la pena decirlo, mediante el cotidiano pago de sobornos a las policías fronterizas.

Los productos que cada día viajan sobre las espaldas arqueadas de las mujeres desde Marruecos a Ceuta son múltiples, y Cenizo hace una rápida enumeración:

"Calcetines, calzoncillos, pañales. Mantas y zapatillas de segunda mano. Zumos, galletas, arroz y chucherías de todo tipo. También neumáticos usados y chatarra. En los fardos de las porteadoras cabe cualquier cosa. Pero en los últimos años gana el textil con origen en China [...] Al llegar a Ceuta la ropa se almacena en consignas, naves en el polígono de El Tarajal o en la barriada de El Príncipe, que se alquilan a bajo coste y no tienen actividad comercial salvo servir de estación de tránsito".

El periodista consigna que el único impuesto que se paga por todo este intercambio de productos es el IPSI, un impuesto alternativo al IVA para las importaciones. Este impuesto, al menos 10 puntos más bajo que el IVA, es del 10%.

Cenizo apunta, también, que en los presupuestos de 2014, 64 de los 251 millones de ingresos de Ceuta provienen de dicho impuesto a las importaciones. Un cálculo simple diría que si en vez de pagar IPSI dichos productos pagasen IVA, esos 64 millones se convertirían en 128, reforzando sensiblemente las arcas de la ciudad autónoma.

Esta robusta actividad de contrabando ha producido también un importante cambio demográfico en los pueblos marroquíes más próximos, según apunta el periodista.

Leamos a Cenizo:

"Muchos sureños de zonas rurales se empadronan en las provincias del norte, atraídos por el precio de los portes. La entrada de mercancía les proporciona un medio de vida, pero merma las arcas del Reino, que deja de ingresar los aranceles que obtendría si esa mercadería entrara por el moderno puerto de Tánger. Así que con una mano el reino alauita [la dinastía Alauí es la tradicional de Marruecos] tolera el flujo comercial por El Biutz, mientras que con la otra cierra el paso de forma arbitraria y no ataja los sobornos y los episodios de malos tratos en la aduana".

Aunque acaso la cifra sea algo exagerada, las autoridades de Ceuta calculan que los porteadores son alrededor de 20.000 personas, mujeres fundamentalmente.

El contrabando, empero, sigue siendo un maravilloso negocio para los marroquíes y uno muy magro para los españoles de Ceuta que, por añadidura, deben basar su industria turística en los propios marroquíes, porque a los españoles viajar hasta Ceuta les resulta muy caro.

En 2013, Ignacio Cembrero explicaba el negocio del contrabando en un artículo para el periódico *El País*:

"El contrabando genera 45.000 puestos de trabajo directos en Marruecos y unos 400.000 indirectos, según un estudio publicado hace ya más de una década por la Cámara de Comercio Americana de Casablanca. Permite, además, enriquecerse a los cientos de aduaneros y agentes de las fuerzas de seguridad marroquíes destinados en esas fronteras y que cobran comisiones por hacer la vista gorda [...] Hace ya también una década, el semanario *Al Ayam*, de Casablanca, calculó que los funcionarios destinados en las fronteras del norte se repartían al año unos 90 millones de euros procedentes de las comisiones".

Ceuta es otra de las ciudades que agonizan bajo el faro enceguecedor de un sistema económico financiero que reniega del trabajo formal.

Los bancos cobran primero

Barbate tiene casi 23.000 habitantes y, allá por los años 80 y 90, bullía de actividad pesquera, de manufacturera de esa misma pesca y de la actividad turística. En la actualidad mendiga un manojo de euros del gobierno central, para no caer en la amenazante bancarrota.

Ubicada en la provincia de Cádiz, al borde del mítico cabo de Trafalgar y en la desembocadura del río Barbate, la ciudad pesquera por antonomasia aprendió de los antiguos fenicios el uso de la almadraba para la pesca del atún rojo, cuando el pez migra desde el océano Atlántico hacia el mar Mediterráneo. La pesca, entonces, y el turismo fueron los motores que históricamente hicieron funcionar a la economía local. El problema para los pescadores de Barbate comenzó cuando los acuerdos con Marruecos para que los barcos españoles pudiesen faenar en sus aguas comenzaron a tener dificultades para las respectivas renovaciones. Rabat pedía cada vez más concesiones para permitir la pesca en sus aguas, y la Unión Europea se negaba a concederlas, y como la mayoría de los barcos que necesitaban pescar en aguas marroquíes eran españoles, Barbate fue una de las víctimas del tironeo político, gestado a kilómetros de donde se debía poner el pan en la mesa.

En marzo de 2015, Barbate contabilizaba un nivel de desocupación que afectaba al 50% de su población económicamente activa; algo así como 5.000 trabajadores en paro.

Según escribe Pedro Espinoza, para el periódico *El País*, de España:

"Hubo un tiempo en que el puerto barbateño llegó a tener más de 100 barcos. Ahora apenas resiste una quincena que dan trabajo a 500 personas".

Y agrega algunos párrafos más adelante:

"Si la pesca no revive y la principal empresa de Barbate, el Ayuntamiento, no paga a sus trabajadores, el resto del pueblo se resiente. Los 270 empleados municipales no cobran desde hace dos meses. Y es producto de una deuda de 70 millones [de euros] arrastrada desde mucho tiempo atrás, que impide a Barbate recibir ingresos del Estado y de la Junta".

Como en el resto de España, son los bancos y las entidades financieras quienes tienen prioridad a la hora de cobrar lo que se les adeuda, por lo que, hasta que la ciudad no cancele esos 70 millones de euros, no recibirá ninguna clase de ayuda del gobierno central.

En 2011 concluyó el acuerdo pesquero entre Marruecos y Unión Europea. Y no fue hasta el 2014 en que los barcos españoles pudieron volver a pescar en aguas marroquíes. Sin embargo, la situación ya no es la de antaño. A lo largo de los años, el país africano ha podido ir construyendo su propia flota, ha limitado la captura para los barcos europeos, y su pesca industrial se transformó en una competencia muy fuerte.

En este marco, es poco probable que Barbate regrese a sus mejores tiempos, cuando la pesca y el turismo la hacían bullir de actividad. Para peor, el pez que caracteriza a Barbate, el atún rojo, corre el riesgo de desaparecer. La revista *National Geographic* lo explica así:

"El atún rojo o atún de aleta azul posee otro extraordinario atributo [además de la calidad de su carne], uno que puede ser su perdición. Su ventresca, veteada con abundantes capas de grasa, se considera una de las mejores del mundo para preparar sushi. A lo largo de la última década, una flota dotada de la más avanzada tecnología, y guiada a menudo por aviones de detección, ha perseguido al atún rojo de un extremo al otro del Mediterráneo, capturando cada año decenas de miles de ejemplares, muchos de ellos de forma ilegal. Los atunes rojos son engordados en jaulas a lo largo de la costa antes de matarlos a tiros y despiezarlos, para abastecer a los mercados de sushi y ventresca de Japón, América y Europa".

La matanza ilimitada ha puesto a la especie en peligro de extinción, sin que ni la Unión Europea ni los países del norte de África, Marruecos en particular, tomen algún tipo de acción para detener la brutal caza del atún rojo.

Extraigamos otro párrafo esencial del excelente artículo de la revista:

"El exterminio del atún rojo es un símbolo de los graves problemas de las pesquerías en la actualidad: el enorme aumento de la capacidad para matar de las nuevas tecnologías pesqueras, la turbia red internacional de empresas que obtienen enormes beneficios con este comercio, la negligencia en la gestión de las pesquerías y en el cumplimiento de las leyes, y la indiferencia de los consumidores respecto al futuro de los peces que consumen".

Es obvio que, en tiempos de libertad de mercado extrema, no debe resultar sencillo para las autoridades de los distintos países regular la cacería del atún o de cualquier otro pez. La persecución a como dé lugar de la máxima rentabilidad posible tiene poco que ver con el cuidado del planeta y la preservación de las especies que lo habitan; incluido el hombre.

La crueldad del modelo filosófico, económico, político y social que hoy impera en la mayor parte del mundo amerita la reflexión del *National Geographic*:

"¿De qué otra manera [crueles] podríamos calificar a los pescadores de tiburones de todo el mundo, que capturan decenas de millones de ejemplares al año, y a muchos, mientras aún están vivos, les cortan las aletas con las que se prepara la sopa de aleta de tiburón y después dejan que se hundan en el fondo del mar y mueran? ¿De qué otra forma se puede describir el incalculable número de peces y otros animales marinos capturados en las redes, a los que dejan asfixiarse y que son arrojados por la borda como captura accesoria inservible?"

El mundo del capital financiero mira las pizarras con cifras de todo el mundo, en pantallas de ordenadores que jamás se apagan. Los que sí se apagan son el mundo de la producción, y el de una Tierra en que otrora el Hombre contribuía a enriquecer el ciclo natural modificando el orbe mediante su trabajo.

La irracional pirámide

La crisis económico-financiera que se desató en los Estados Unidos con las hipotecas *sub prime*, y que se extendió como una mancha venenosa por todas las economías industrializadas del planeta, fue la gran responsable de que, a partir de entonces, decenas de ciudades entraran en procesos de insolvencia.

Pero no fue sólo la crisis la que soltó a los demonios de la miseria. Fue también –y acaso especialmente– la manera en la que los países y sus sistemas financieros procuraron resolverla.

El 15 de setiembre de 2013, seis años después de que comenzara la crisis en Estados Unidos, el periódico español *El País* publicó un trabajo firmado por Paul Krugman, que resulta sumamente ilustrativo para comprender qué ocurrió con los dineros que invirtieron los Estados durante esos seis años para revertir el estancamiento económico y la insolvencia de los respectivos sistemas financieros.

Krugman se basa en el trabajo de dos economistas que estudiaron la ruta del flujo de dinero en los Estados Unidos, pero el sendero es similar, por ejemplo, para el resto de las economías avanzadas de Europa.

Apunta el premio Nobel de Economía del 2008:

"Los economistas Thomas Piketty y Emmanuel Sáez han recopilado datos durante la última década y han utilizado las cifras de la Hacienda estadounidense para calcular la concentración de renta en las clase altas estadounidenses. Según sus cálculos, la parte correspondiente a las rentas más altas sufrió un golpe durante la Gran Recesión, cuando cosas como las plusvalías o las primas de Wall Street decayeron temporalmente. Pero los ricos han vuelto con fuerza, hasta el punto de que el 95% de los ingresos de la recuperación económica desde 2009 han ido a parar al famoso '1%'. De hecho, más del 60% fue al 0,1% de la población con los ingresos más altos, gente cuyas rentas anuales superan los 1,9 millones de dólares".

Esta concentración extrema de la riqueza que producen las sociedades en poquitísimas manos conduce inexorablemente a un nivel de desigualdad muy elevado, lo que, de muchas maneras, rompe la trama social que debe envolver a cualquier comunidad.

Pero, aun si se lo mira desde un punto estrictamente económico, la híper concentración de la riqueza funciona como un freno para la dinámica de la economía que, para marchar, debe contar con su motor más poderoso, que es el consumo.

Volvamos a Paul Krugman:

"Estas cifras deberían (aunque probablemente no lo harán) acabar por fin con las pretensiones de que la desigualdad creciente se debe tan sólo a que los que tienen un mejor nivel de instrucción les va mejor que a los menos preparados. Sólo una pequeña parte de los licenciados universitarios accede al selecto círculo del '1%', mientras que muchos jóvenes con un alto nivel de formación —la mayoría, incluso— están pasando por momentos muy difíciles. Tienen sus títulos, con frecuencia conseguidos a costa de adquirir deudas importantes, pero una gran parte de ellos siguen sin empleo o están subempleados [...] El licenciado universitario sirviendo cafés en Starbucks es un tópico, pero refleja una situación absolutamente real".

Krugman se pregunta, como cualquier curioso de la economía, de dónde proceden estas rentas altísimas que se concentran en muy pocas manos. La respuesta del premio Nobel no es, por cierto, que dichas rentas provengan de altas contribuciones que estos supermillonarios hacen a la economía.

Esas rentas, dice Krugman, provienen de las fabulosas ganancias del sector financiero:

"… sector que los contribuyentes tuvieron que rescatar después de que su inminente quiebra amenazase con arrastrar al fondo a toda la economía".

El problema de la concentración de la riqueza no es fundamentalmente una disyuntiva de orden ético o moral, aunque debería serlo. La concentración de la renta es, antes que nada, un problema económico. España, con muchas de sus ciudades en cesación de pagos, es uno de los países de Europa con mayor concentración de la renta, por ejemplo, y por eso se halla entre los que más se han empobrecido con la crisis global. Vicenc Navarro, un prestigioso economista español, subraya:

"El 64% (según el barómetro del Centro de Investigaciones Sociológicas, CIS, del mes de febrero) de la población española tiene dificultades para llegar a fin de mes. La gente rica ya tiene tanto que la mayoría de su renta no la consume, sino que la acumula y la invierte y deposita en los bancos, lo cual podría ser beneficioso si tal dinero se utilizara para invertir y producir puestos de trabajo. En los últimos años, sin embargo, gran parte de estas inversiones han sido de tipo especulativo, con lo cual se crearon menos buenos puestos de trabajo de lo que el país necesitaba".

El artículo de Navarro es del 2012 y, como se ve, la concentración de la renta también funciona como veneno para las inversiones productivas porque nadie invierte en producir bienes que nadie consume.

Más adelante, el economista español lanza su propuesta:

"El hecho, pues, de que un sector minoritario que goza de grandes rentas no consume mucho, y que la gran mayoría no puede consumir más por carecer de dinero, crea un gran déficit de demanda, que es una de las causas de la Gran Recesión. Lo que el Estado tiene que hacer es transferir fondos de los sectores de la población que no consumen mucho (en términos proporcionales), elevando sus impuestos, para transferir los fondos a los sectores de la población que tienen problemas para consumir y mantener su nivel de vida".

La dificultad que seguramente encontrará el Estado a la hora de tratar de poner en práctica la buena propuesta de Navarro, es que el sistema financiero globalizado ya ha encontrado herramientas para eludir los controles de los Estados y para burlar las políticas tributarias que se implementen. Paraísos (guaridas) fiscales y fuga de dinero a través de empresas *off shore*, son sólo algunas de ellas.

Lejos de esos paraísos, con escasez de recaudación por contribuyentes insolventes por falta de trabajo, los contadores de miles y miles de ciudades ven que, a menos que expriman sus históricas paredes, los sistemas creados por el hombre y usufructuados por pocos habrán de quedarse con el patrimonio de sus municipios.

Capítulo 6

AMÉRICA DE LECHE Y MIEL

"Debemos hacer aquí un país.
Estamos a la entrada de una tierra prometida
que emana leche y miel como una mujer.
De esta tierra es mi canto, mi poesía.
Pero todavía están las encomiendas
y cuando suena la campana en la bolsa de Nueva York,
algo que vos no sabés, hermano, te han quitado...".

Ernesto Cardenal

Se ha dicho con razón que, durante toda la Gran Recesión desatada hacia finales de 2007, los grandes "flotadores" que tuvo la economía mundial fueron los países emergentes. Y aunque es cierto que varios de ellos, como Argentina, por ejemplo, crecieron a tasas superiores al 7% en los primeros años de la crisis, no todos los emergentes tuvieron comportamientos económicos similares. México, por ejemplo, o bien mantuvo tasas de crecimiento habituales o soportó fuertes descensos, como le ocurrió en el 2009.

A finales de 2014, y tal cual informó la propia Secretaría de Hacienda, México tenía diez Estados con niveles de endeudamiento sumamente peligrosos para seguir atendiendo con normalidad sus necesidades presupuestarias anuales. Pero aquí los males se hacen más complejos.

¿Dónde está el dinero?

En el ránking de esos diez Estados en estado de gravedad, descollaba el Distrito Federal, con una deuda de 66.881 millones de pesos. Era seguido por Nuevo León, con 61.180 millones de pesos; por Chihuahua, que declaraba una deuda de 41.894 millones de pesos; por Veracruz, con un pasivo de 41.355 millones de pesos...

A ellos les seguían, en orden de deuda: Estado de México, con 39.507 millones; Coahuila, cuya deuda ascendía a 34.862

millones de pesos; Jalisco, con un pasivo de 26.387 millones; Quintana Roo, con 21.174 millones de pesos; Chiapas, con una deuda de 20.140 millones de pesos; y Sonora, con un pasivo de 19.804 millones de pesos.

La cuestión a dilucidar, sin embargo, son las razones por las cuales ciertas entidades federativas han llegado a niveles de endeudamiento ciertamente preocupantes. Un año antes de la información que dio a conocer la Secretaría de Hacienda, un informe de la calificadora Forbes, de México, firmado por Francisco Muciño, partía de analizar la deuda en función de la inversión que los Estados pudieron haber realizado en infraestructura, lo que, se suponía, habría de explicar mejor los niveles de pasivo.

Dice Muciño:

"El mito de 'a mayor deuda, mayor obra' parece ser sólo eso. Así lo demuestran los gobiernos locales del país, que han incrementado exponencialmente sus obligaciones financieras, mientras que invierten menos en infraestructura y obra pública".

A diferencia de lo que ha ocurrido en términos generales en Europa, el endeudamiento de Estados o provincias en América Latina tiene sustratos diferentes. Suele haber, allí, pésimas administraciones o lisa y llanamente corrupción.

Bien lo explica el autor del informe de Forbes, refiriéndose a las 10 entidades federativas más endeudadas que ya listamos:

"Precisamente, en estas diez entidades es donde se observa el mayor incremento de deuda garantizada con participaciones federales durante cinco años, la cual creció hasta más del 200% en algunos casos, y el gasto en obra pública no rebasó más del 50% de crecimiento en el mismo período. Incrementar la deuda sin destinar el dinero a obra productiva agrava la situación de las finanzas públicas de los gobiernos sub-nacionales..."

En efecto. En economía existe una lógica dura que dice que el endeudamiento para realizar obras de infraestructura es sano y hasta aconsejable, porque dichas obras, en la medida en que beneficiarán a varias generaciones, deberían ser pagadas a lo largo de los años por quienes se beneficien de ellas.

Por el contrario, endeudarse para equilibrar gastos corrientes es absolutamente desaconsejable, porque se carga con deuda a quienes no se han visto beneficiados por un gasto excesivo o una administración fraudulenta.

Más adelante, Muciño enumera ejemplos que muestran con toda nitidez lo improductivo de la deuda. Algo que ya el país vivió en carne propia con altísimos costos sociales en 1982, cuando anunció que entraba en cesación de pagos ante la imposibilidad de responder a los compromisos que exigía la pesada y casi parasitaria deuda externa que había contraído.

Coahuila, por ejemplo, entre 2006 y 2011 aumentó su gasto en obra pública un 46,7%, mientras que la deuda se disparó a un alocado 1.432%, lo que la convierte en el ejemplo más extremo. ¿Dónde quedó el dinero?

Tampoco es fácil de explicar el modo en que se administró Chiapas, cuya obra pública creció apenas un 3,54% en el período antes considerado, pero sus obligaciones financieras se elevaron hasta 252,24%.

Menos catastróficos son los casos de Michoacán y Nuevo León, según consigna Francisco Muciño. Michoacán invirtió en obra pública un 28% de su presupuesto, y su deuda aumentó un 73%.

Nuevo León, en tanto, no sólo no aumentó la inversión en obra pública, sino que la hizo decrecer en un 8,5%, mientras que su deuda aumentaba un 22%.

Algo, evidentemente, no cierra.

Un círculo vicioso y descendente

México cuenta con una de las mayores economías de América. Es la primera entre los países hispanoparlantes, la segunda en América Latina y la tercera de toda América, detrás de Estados Unidos y Brasil. Sin embargo, es uno de los países más desiguales, incluso de América Latina. Es enorme la brecha que existe entre las capas sociales menos favorecidas y las más ricas; y aun entre los estados del sur y los del norte.

Este bello país, con una riqueza histórica envidiable en todas las áreas, tiene sin embargo a más del 40% de su población viviendo entre la pobreza moderada y la pobreza extrema −según el propio gobierno mexicano−, y ello pese a que los niveles de desocupación son bajos. Gran particularidad se debe, entre otras cosas, a la pobreza que generan las deudas de los Estados.

Al terminar 2013, Roberto González Amador, escribiendo para *La Jornada*, explicaba:

"Las tasas de pobreza en estados como Chiapas, Guerrero y Oaxaca son 10 veces más altas que en entidades como Nuevo León, Distrito Federal o Baja California. El promedio nacional, abunda el documento [del Banco Mundial], contrasta con la alta dispersión de las tasas de pobreza en el territorio: 14 de 32 Estados tienen tasas de pobreza extrema, por arriba del 30 por ciento de su población. Esto indica que México ha podido incrementar la cobertura de bienes y servicios como educación básica y salud, pero las oportunidades en el mercado laboral son todavía muy limitadas".

El prodigioso territorio que fue cuna del Imperio Azteca muestra, sin embargo, otras particularidades a la hora de analizar su economía, su estructura social, su nivel de endeudamiento y sus índices económico-sociales. Por ejemplo, pese a los altos niveles de pobreza que los distintos gobiernos han buscado reducir, México se halla entre los países de América

Latina con uno de los más altos Índices de Desarrollo Humano (IDH), un indicador que mide niveles de educación, salud –esperanza de vida– y PIB *per capita* entre la población de un país. Como vemos, el panorama es complejo, pero también contradictorio entre lo que se tiene, la deuda que se contrae y los resultados que llegan a los grandes sectores de su población. Si aquí las ciudades están tan en riesgo como en otras partes del globo, el caso mexicano se resiste a cualquier mirada simplista.

A mediados de 2014, el promedio de deuda *per capita* de los mexicanos era de $ 3.513, pero para los cinco Estados más endeudados del país (los que sumados explican el 50% de la deuda total mexicana) la cifra era astronómica. Cada habitante de Coahuila debía $ 11.826. Cada habitante de Chihuahua, en tanto, $ 11.170. Los ciudadanos de Nuevo León debían, cada uno de ellos, $ 10.617, y los de Quintana Roo, $ 10.292. Por fin, cada habitante del Distrito Federal tenía una deuda de $ 6.919. Todos son datos proporcionados por la misma Secretaría de Hacienda.

El dilema de hoy, para los Estados muy endeudados, es que casi inexorablemente irán hacia un círculo vicioso.

Fernanda García Cruz escribía casi al terminar 2014:

"Las tres cuartas partes de los ingresos que tanto Estados y municipios reciben, provienen de la Federación. De estos recursos, alrededor del 80 por ciento están dirigidos al pago de deuda. Esto hace que la cantidad de recursos que reciben ya estén comprometidos para el pago de la misma, lo que disminuye el alcance de su presupuesto anual, acortando su aplicación en obra pública y planeación. 'Como las entidades tampoco producen recursos propios de manera eficaz, no se aprovechan las facultades locales para recaudar impuestos, entonces se necesita rellenar ese boquete que están teniendo las finanzas públicas, abusando de la deuda pública', dijo Ricardo Corona [coordinador de Finanzas Públicas del Instituto Mexicano para la Competitividad (IMCO)]".

Como vemos, el caso mexicano es atípico, pero no está solo en su singularidad. A diferencia de las circunstancias que han llevado a la insolvencia a ciudades de Europa y los Estados Unidos, los países de América Latina han tenido siempre comportamientos erráticos respecto del manejo de sus economías y de los controles de los recursos en estados o provincias. La "impopularidad" que trae aparejada una severa política de recaudación tributaria, según el concepto de gobernadores o alcaldes, sumada a los permisivos controles de la administración central respecto de los niveles de endeudamiento de provincias y gobernaciones, son parte de las dificultades con las que tropieza una y otra vez América Latina cuando se habla de deuda.

Herramientas para la fuga

En 2013, a pedido de la Cámara de Diputados de México, el investigador parlamentario Reyes Tépach M. abordó la cuestión de la deuda pública de las entidades federativas.

En su informe, el investigador detallaba:

"El aumento de la deuda pública de los gobiernos subnacionales se explica desde diversas aristas, las cuales están asociadas con fallas del Estado, entre las cuales se destacan la axiológica (corrupción), la ineficacia de los controles formales, la casi inexistente cultura de la transparencia y de la rendición de cuentas, la nula injerencia del gobierno central para imponer límites a este endeudamiento".

Más adelante, Reyes Tépach describe algunas de las herramientas que han utilizado las administraciones de las entidades federativas para eludir los controles a que las ha querido someter, por ley, el gobierno central.

Una de ellas es la "contabilidad creativa", dice el investigador parlamentario. O sea, hacer que los números de la contabilidad financiera dejen de mostrar lo que realmente ocurre, para exhibir lo que quien los manipula pretende que muestren.

Una segunda herramienta de la que se valen los ejecutivos de los Estados es calcular el poco control que ejercen los Parlamentos locales luego de autorizar el endeudamiento, así como la facilidad con la que aprueban los requerimientos de toma de deuda por parte del Ejecutivo.

Por fin, una tercera herramienta mencionada por Reyes es la poca cultura que tienen los gobiernos locales respecto de la transparencia y la rendición de cuentas. Todo hace suponer que a río revuelto...

Desde luego, México no es una excepción dentro del subcontinente. La mayoría de los países de América Latina en los que el federalismo efectivamente se aplica, padecen el endeudamiento a veces injustificado de provincias o municipios. Endeudamiento que empobrece a los habitantes del Estado en cuestión o debe ser cubierto por el gobierno central.

Salir del pozo

Argentina representó, sin lugar a duda alguna, el mayor paradigma de las consecuencias de las políticas del neoliberalismo salvaje. En el 2001, con un gobierno huyendo a tan sólo dos años de haber asumido, hubo saqueos a supermercados y un virtual estado de guerra interna. En tal situación, el país sudamericano entró en cesación de pagos de su descomunal deuda externa, y su sistema de partidos políticos voló por los aires. "¡Que se vayan todos!", reclamaba la gente en las calles.

Argentina, un país no acostumbrado a soportar niveles de pobreza por encima del 10 o 12% de su población, veía con espanto que más del 60% de sus habitantes habían caído a la condición de pobres. Un 25% de ellos eran indigentes, y cerca del 26% de la población económicamente activa no tenía trabajo.

Las políticas fondomonetaristas habían hecho lo suyo. El Estado nacional había contraído un nivel de deuda cuyos servicios ya no era posible pagar, pero también muchas provincias eran víctimas de un nivel de endeudamiento insoportable. A finales del 2002, tal cual recuerdan dos economistas del Centro de Implementación de Políticas Públicas para la Equidad y el Crecimiento (CIPPEC), Lucio Castro y Walter Agosto, la deuda provincial superaba el 20% del PIB de la Argentina, y atender los servicios de dicha deuda suponía destinar el 8,5% del presupuesto provincial.

A partir del 2003, con la llegada a la Casa Rosada del primer gobierno kirchnerista, Argentina inició un proceso de reestructuración y quita de su deuda externa y, al mismo tiempo, una política de desendeudamiento, tanto del Estado como de las provincias.

Dicen Castro y Agosto:

"Mientras en el 2001 más de la mitad de la deuda provincial estaba denominada en moneda extranjera, esa proporción alcanzaba el 27% en 2008. Este proceso de desendeudamiento y desdolarización es explicado por los sucesivos programas de refinanciamiento y reestructuración de los pasivos provinciales implementados por el gobierno..."

Buena parte de este proceso, tanto de desendeudamiento como de desdolarización, se debieron también a dos factores de alguna manera ajenos a la voluntad del propio gobierno. El primero es que, en la medida en que Argentina había entrado en *default*, no existía crédito internacional para el país. El segundo fue que, mientras duró el proceso de reestructuración, el país no pagó ni capital ni intereses de la deuda, con lo cual ese dinero se destinó a la expansión de una economía absolutamente deprimida.

Pero aquellos tiempos de profundas restricciones del crédito internacional pasaron, y la economía de Argentina creció a tasas superiores al 7% hasta el 2008, por lo cual muchas administraciones provinciales volvieron a contraer deuda. El proceso de re-endeudamiento, al igual que lo que ocurre en México, no es uniforme. Buenos Aires, por ejemplo, debe destinar el 64,1% de sus ingresos anuales para atender la deuda; Río Negro, el 58, 7%; Jujuy, el 56,9%, según consignan los economistas del CIPPEC. Estos niveles de endeudamiento, en especial para provincias pequeñas como Jujuy e incluso Río Negro, suponen a la vez niveles de deuda *per capita* altísimos.

La otra cara de la moneda son provincias como Santiago del Estero, que debe destinar apenas el 3,1% de sus ingresos a atender deuda; o Santa Fe, cuya deuda sólo requiere el 4,1% de su presupuesto anual.

Dicen Castro y Agosto:

"La dispersión en los niveles de endeudamiento provincial también es notoria al analizar la deuda relativa a la población. Mientras que el índice de deuda por habitante en Neuquén alcanza los $ 8.200, apenas supera los $ 300 en Santiago del Estero, una diferencia equivalente a casi 30 veces".

Habrá que decir que Neuquén destina el 38,80% de su presupuesto anual a saldar los servicios de la deuda provincial.

Quizás la mejor situación de las provincias argentinas con alto endeudamiento, respecto de las entidades federativas mexicanas, sea que en el caso de las argentinas sólo el 3% del total de la deuda provincial tiene como acreedor al sistema financiero privado, tal cual consignan Castro y Agosto. Al menos hasta finales de 2014, el gran acreedor de las provincias argentinas es el Estado Nacional.

Existen, claro, al menos cuatro modalidades para gestionar el endeudamiento provincial en Argentina, según señalan los economistas del CIPPEC: la "disciplina de mercado", la cooperación entre los diferentes niveles de gobierno, la aplicación de reglas cuantitativas y los controles administrativos. Cada una de ellas, con sus pros y sus contras.

Los autores, empero, ponen la lupa en el sistema político al analizar el endeudamiento y el federalismo en Argentina:

"En el caso de la Argentina, la presencia de un proceso presupuestario definido por un Congreso dominado por legisladores que responden a los gobiernos provinciales incentiva, por un lado, a los gobernadores a demandar fondos federales (la 'pastura común') a cambio de votos en el Parlamento. Por otro lado, este proceso incentiva al Poder Ejecutivo a lograr mayorías parlamentarias a través de la distribución de recursos federales discrecionales a las provincias".

Por añadidura, agregan los autores, la posibilidad con que cuenta el gobierno central de practicar un salvataje financiero a provincias en estado de colapso económico, acentúa la tendencia a endeudarse de los gobernadores de los estados subnacionales. Por ahora, Argentina parece haber puesto puntales a los muros de sus edificios comunales. Pero ante el renuevo de autoridades vuelven a sonar voces neoliberales que recetan el mismo brebaje que hunde a las ciudades de Europa.

Muchos que demandan, uno que atiende

En 2007, un informe de Naciones Unidas sobre asentamientos humanos en las grandes ciudades de los países en desarrollo decía:

"En 1900, una de cada 10 personas vivía en ciudades. Actualmente, casi 3.000 millones de personas, o sea, casi la mitad de la humanidad, residen en centros urbanos, y ya hay 23 ciudades, 18 de ellas pertenecientes al mundo en desarrollo, con más de 10 millones de habitantes. Uno de los resultados de este rápido aumento de la población urbana es que millones de pobres de todo el mundo viven hacinados en barrios de tugurios y asentamientos ilegales, en una condicion de vida por debajo de los niveles mínimos necesarios para garantizar la salud de las familias y comunidades".

En efecto, para los países del Tercer Mundo, las deudas públicas de las ciudades, estados o municipios son sólo una parte del drama al que se ven sometidos los ciudadanos que habitan aquellas ciudades al borde de la bancarrota, o los más vulnerables que deben vivir en asentamientos humanos que atentan contra la dignidad de las personas.

De aquellos 3.000 millones que viven en las grandes ciudades, 800 millones (cifra del 2010) habitan en asentamientos y barrios marginales en todo el mundo en desarrollo.

A tres años de aquel informe de Naciones Unidas, el periódico vasco *Gara* reproducía las conclusiones de un nuevo informe del programa ONU-Hábitat.

Decía *Gara* en uno de sus párrafos:

"El número de personas que viven en las villas miseria en el mundo aumenta de forma constante cada año, a pesar de los avances logrados en algunos países, particularmente en China e India, así como también en Argentina y Colombia [...]. De no aplicarse 'medidas radicales', esa cifra seguirá creciendo en forma espectacular y en el año 2020 será de unos 900 millones, indica el documento, que agrega que en la última década los arrabales han crecido a un ritmo del 10% anual, y que ya albergan a 827,6 millones de personas en todo el mundo..."

Estos asentamientos irregulares, si bien han proliferado fundamentalmente en el mundo en vías de desarrollo, tienen también su propia versión en países a los que se considera industrializados o del Primer Mundo. Las *favelas* brasileñas, o *cantegriles* uruguayos, o *villas miseria* argentinas, o *tugurios* costarricenses, entre otros nombres que se asignan a dichos asentamientos en América Latina, tienen su correlato, por ejemplo, con las *chabolas* españolas.

El fenómeno de marginalización de amplias capas de la sociedad, muy evidente en América Latina en otros tiempos, se ha desparramado hoy al mundo industrializado, como consecuencia del gradual retiro del Estado como factor moderador y compensador de la distribución insensible del mercado. En un trabajo para la revista del Instituto de la Vivienda de la Facultad de Arquitectura y Urbanismo de la Universidad de Chile, Pedro Calvo Cerda recuerda la opinión de su colega Giulliana Fadda, en torno de los daños que este tipo de asentamientos urbanos precarios producen en sus habitantes:

"Han empeorado entre otras cosas, las condiciones de la calidad ambiental, la salud humana y la productividad urbana. Entre los problemas urbanos más críticos se cuentan los de la segregación y aislamiento; hacinamiento; déficit o inadecuada localización de equipamiento, servicios o infraestructura; ocupación de espacios no aptos para la vida humana; deficiencia en las condiciones de los suelos de fundación; inadecuada planificación del tránsito urbano; mala gestión de los residuos sólidos y líquidos; contaminación de las aguas y el aire; y riesgos de inundaciones y deslizamientos".

Difícil encontrar una caracterización más precisa de lo que suponen los riesgos a los que están sometidos los habitantes de estos asentamientos precarios tan propios del Tercer Mundo. Son muchos, y el Estado que les debe dar respuesta es uno solo.

En países históricamente azotados por la desigualdad y la concentración de la renta en pocas manos, no fue necesario que comenzara a aparecer el fenómeno de la quiebra en las finanzas de una ciudad, una provincia o un municipio, para que miles de personas vivan en un vergonzante estado de indignidad. Hacinamiento, promiscuidad, viviendas miserables y servicios casi inexistentes caracterizan estos asentamientos precarios, tal cual consigna Calvo Cerda. Lo extraordinario en España es lo habitual en América Latina. Pero, valga la redundancia, también lo extraordinario es que ciudades de Europa que hasta hace poco se consideraban exentas de estos males hoy tengan que enfrentarlos. A menos Estado y a más permisividad con las imposiciones de los centros financieros internacionales, más pobreza, sin duda. Y la bandera de remate ondeando sobre los edificios comunales.

El fenómeno de concentración urbana y pauperización en los países en vías de desarrollo se generalizó y se profundizó durante toda la década de los 90, cuando el neoliberalismo se convirtió en el modelo político-económico dominante. Durante esa década no hubo, prácticamente, gobiernos que desafiaran al Consenso de Washington.

Las amplias capas de poblaciones con necesidades básicas insatisfechas, o incapaces de poder acceder a una vivienda digna, hicieron crecer vertiginosamente estos asentamientos urbanos precarios; en muchos sentidos, precursores de los procesos de pauperización que llegaron a los países ricos a partir de los primeros años del siglo XXI.

Sería bueno que unos se miraran en los espejos de otros. De lo contrario, habrá que vender hasta los espejos.

Ciudades en las ciudades

La República de El Salvador es uno de los países más carenciados de América Latina, y, consecuentemente, uno de los territorios en los que más se han desarrollado los asentamientos urbanos precarios. Incluso uno de los pocos —muy pocos— en los que algunos de esos asentamientos, como el caso de Las Palmas en San Salvador, pudieron ser reconvertidos en simples barrios pobres. O sea, no ya marginales, ni carentes de las condiciones mínimas que exige la vida en comunidad.

Según datos obtenidos en 2014, El Salvador tiene una población de casi 6.300.000 personas en un territorio de alrededor de 21.000 kilómetros cuadrados. De ese total poblacional, más de dos millones de personas viven en asentamientos urbanos precarios, según cifras anteriores a la crisis económica mundial de 2007-2008, con lo cual es seguro que el número de habitantes de los *tugurios* haya aumentado.

Debido a eso, y a lo largo de las últimas dos décadas, investigadores, académicos y trabajadores sociales han preparado planes para mejorar la calidad de vida de los sectores pobres y marginados del pequeño país centroamericano.

En abril de 2010, un grupo de investigadores de la prestigiosa Facultad Latinoamericana de Ciencias Sociales (FLACSO), del Ministerio de Economía del gobierno de la República de El Salvador, y del Programa de Naciones Unidas para el Desarrollo (PNUD), le entregaron al gobierno de El Salvador un documentado estudio sobre la pobreza urbana y la exclusión, verdaderas responsables, gestoras y motores de los asentamientos urbanos precarios.

Bajo la dirección de Carlos Roberto Briones, director de FLACSO El Salvador, el equipo de investigación proponía una primera conceptualización para comprender de qué se trata la exclusión social:

"Se [la] define como el proceso de acumulación y combinación de factores individuales, económicos, sociales, culturales y políticos que ponen a la gente en desventaja. Este proceso se corresponde con situaciones en las que las personas o los hogares se encuentran incapacitados de practicar convenientemente las normas (materiales y simbólicas) de consumo prevalecientes en su sociedad, como consecuencia de no insertarse en los mercados laborales, o hacerlo de manera eventual, insegura o inestable".

Definido nítidamente el concepto, los investigadores pasan al manejo de cifras, o sea, de gente de carne y hueso que padece la exclusión:

"Este proceso de exclusión se reproduce sistemáticamente y suele pasar de generación en generación. Aunque la exclusión social no es privativa de los AUP [Asentamientos Urbanos Precarios] y alcanza a otros sectores de la población, el 70% de los hogares en estos territorios reporta algún grado de exclusión, contra un poco más del 37% de los hogares no residentes en los mismos".

Los asentamientos urbanos precarios son algo así como la contracara de las ciudades en bancarrota o al borde de la quiebra. En este último caso, son los desajustes financieros o presupuestarios de ciudades otrora prósperas las que sumen en la pobreza y el desempleo a sus habitantes.

Los olvidados. El ser humano en el siglo XXI

En el caso de los asentamientos precarios, es la población que los habita, y que en algún momento los edificó, quien hace de ellos verdaderas "guaridas humanas", más que ciudades o villas.

Claudia Navas Handal es psicóloga y docente, especialista en programas de mejoramiento del hábitat popular urbano. Ella fue una de las responsables de la recuperación de la comunidad Las Palmas, en la capital salvadoreña; como dijimos, una de las pocas experiencias exitosas de rehabilitación de asentamientos precarios en América Latina.

Importa, sin embargo, recorrer los ítems que Navas Handal enumera como características del asentamiento antes de que comenzara el trabajo de recuperación.

Las Palmas carecía de servicios básicos como agua potable, drenaje de aguas negras, alumbrado público y servicio de recolección de basura, entre otras carencias. Había además accesos al asentamiento y caminos interiores deplorables.

Dice la investigadora:

"Los pasajes eran estrechos y sinuosos, no mayores de 1,5 metros de ancho entre pared y pared, llegando a dimensiones extremas de 0,50 metros de ancho. 'Las Palmas' tiene un anillo vehicular único, con ramificaciones constituidas por 135 sendas secundarias peatonales, que totalizan 8.823,29 metros lineales".

Además, el asentamiento contaba con viviendas precarias e inestables, tan cual consigna Navas Handal. Muchas de ellas, construidas con ladrillos de barro cocido, con tierra y varas de bambú, o con material de desecho.

Otras peligrosas características de "Las Palmas" eran: una topografía generadora de riesgos, como terrenos con pendientes de hasta el 30% y viviendas adaptadas a la topografía. Tenía además un deficiente manejo de los desechos sólidos.

Dice la investigadora:

"[…] afrontaba un grave problema de contaminación ambiental, debido a varios factores: el drenaje superficial de las aguas servidas, la gran cantidad de letrinas de fosa sin mantenimiento, la proximidad de las viviendas a la quebrada de aguas contaminadas, y, el más grave de todos, el botadero de basura dentro de la comunidad".

Todo ello, sumado a que ninguno de los habitantes del asentamiento era legítimo propietario de la parcela de tierra sobre la que había edificado su casa.

El trabajo de Claudia Navas Handal puede ser considerado, en verdad, como un paradigma de lo que son y de lo que ocurre en los diferentes asentamientos urbanos precarios de América Latina, llámense como se llamen según la tradición local. Lo cierto es que las políticas económicas que han regido al mundo desde las últimas décadas del siglo pasado han logrado no sólo la proliferación de estos asentamientos precarios, sino, en la primera década del siglo XXI, la conversión de ciudades pujantes y vigorosas en asentamientos de nuevo cuño. En el Primer Mundo ya no son ranchos de cartón y chapa, o ladrillos de barro cocido, como en los países de la periferia. Ahora el paisaje en el Hemisferio Norte, como en el caso de Detroit, son fábricas abandonadas y declaraciones de quiebra. También son comunidades, como en España al menos (pero no sólo, como veremos en el siguiente capítulo), pidiendo auxilio a gritos y recortando servicios y beneficios sociales a sus habitantes. Este es el panorama que trajo el infausto despertar del siglo XXI, amasado al calor del retiro del Estado y del auge de una economía especulativa que no tiene y a quien nadie le fija límites.

Capítulo 7

MAL DE MUCHOS,
CONSUELO DE NADIE

"El vigor del capitalismo tiene su debilidad incorporada. Porque es codicia. Lo que lo hace vigoroso es la creatividad mezclada con la codicia. Parece estar demostrado que el capitalismo logra mayor creatividad que el socialismo. Sin embargo, lo hace a un costo previsible: la codicia se vuelve primordial".

Norman Mailer

Italia es uno de los países más poderosos de Europa, junto con Alemania, Francia e Inglaterra. Su PIB es el décimo más alto del planeta, y tiene un altísimo Índice de Desarrollo Humano (0,876), que es el que mide la calidad de vida de su gente.

Sin remontarse ya a lo que fue y significó el Imperio Romano, Italia tiene entre sus galardones haber sido uno de los países fundadores de la Unión Europea, allá por 1957, y es también uno de los fundadores del Tratado del Atlántico Norte (OTAN). Además, integra el selecto Grupo de los 8, o sea, es uno de los ocho países más ricos del mundo.

Pero para el capitalismo financiero que reina en el planeta desde hace varias décadas, no importan los blasones históricos, si Italia es la capital de la moda o si Turín es el centro de diseño automotriz por antonomasia.

La "financiarización" ha ido convirtiendo gradualmente ese centro de la cultura en un país cada vez más periférico en la consideración de las potencias europeas. Y la gloriosa Roma, aquella ciudad que a punto estuvo de dominar al mundo, es hoy otro Estado al borde de la quiebra.

Un tsunami arrasador

El 23 de febrero de 2014, un día después de haberse convertido en Primer Ministro, Mateo Renzi supo que, si no desembolsaba de urgencia unos 570 millones de euros, Italia se quedaría sin su capital, porque Roma no podría pagar el sueldo de sus empleados públicos, ni mantener funcionando servicios tan esenciales como la luz, el agua, el transporte y el retiro de la basura.

El drama presupuestario romano, que había comenzado en 2008 junto con la explosión de la burbuja financiera de las hipotecas, se había ido arrastrando malamente con endeudamiento y "contabilidad creativa". Hasta que nada de eso sirvió.

En marzo de 2014, menos de un mes más tarde de que Renzi salvara momentáneamente a Roma, Marco Antonio Moreno, el *magister* de economía que dirige su siempre "picante" *Blog Salmón*, dedicado, precisamente a la economía y las finanzas, decía:

"Muchos parlamentarios insistían en que había que abandonar los trucos contables y declarar la quiebra de una vez. Sin embargo, esta idea resulta impensable. Si Italia, Francia, España, toda Europa, Estados Unidos, Japón y China sinceraran sus cuentas, el mundo sería barrido por el mayor tsunami financiero, dado que muchas ciudades y países declararían su bancarrota. Todos los países están en la quiebra, o al borde de ella, mientras un puñado de 1.600 personas sigue engordando su riqueza y acumula una fortuna de 6,4 billones de dólares".

Las 1.600 personas a las que se refiere Moreno son las 1.645 que según la revista *Forbes* tienen una fortuna superior a los 1.000 millones de dólares, lo que las coloca en la selecta lista de las personas más ricas del mundo. Lista que, en el 2014, encabezaban el estadounidense Bill Gates y el mexicano Carlos Slim.

Pero el editor del *Blog Salmón* se ocupa de explicar algo que, en términos generales, los grandes medios de comunicación omiten. No porque lo ignoren, sino porque son la última frontera del omnímodo poder económico.

Escribe Moreno:

"Desde el inicio de la crisis financiera mundial de 2008, la ciudad de Roma se ha enfrentado a cruciales retos financieros, y sus administradores no han podido encontrar soluciones ni a corto ni a mediano plazo. Se exige un equilibrio presupuestario, pero nadie toma en cuenta los pagos de intereses o las grandes pérdidas en que incurrieron los municipios al participar en operaciones de derivados financieros turbios, que ayudaron a la rápida escalada de los déficit que recrudecieron la crisis presupuestaria de la Ciudad Eterna".

Completa, más adelante, Moreno:

"A nadie le interesa hurgar en el rol que desempeñaron los derivados financieros a los que Roma, como otros muchos municipios, apostaron con la venta del Banco Central de Italia, que a la sazón dirigía Mario Draghi. La fe ciega en que los mercados financieros eran la mejor inversión los convirtió en documentos sagrados que nunca perderían su valor".

Roma, claro, no fue la única ciudad europea o de Estados Unidos cuya administración confió en los derivados financieros como un recurso casi mágico, capaz de sostener los gastos corrientes, o capaz de reemplazar a la actividad económica productiva. Se sabe que, sólo en Italia, 466 ciudades adoptaron el mismo camino que Roma para resguardar y reproducir su presupuesto.

Nada de esto, sin embargo, puede reducirse, exclusivamente, a las malas decisiones de la administración de una ciudad o un municipio. Desde el 2008, la economía de Europa ha entrado en un tobogán cuyas secuelas ya no se reducen a la maltrecha Grecia o a la sobredesocupada España. Un tobogán que vacías las arcas de los distintos países que, por mandato casi militar de la *troika* que domina Europa, no pueden abandonar las políticas de ajustes interminables y de austeridad cada vez más profunda, girando en un círculo vicioso que reclama más y más de la medicina que las está matando. A los Estados que se suman (por resignación o falta de respuestas creativas) a este colectivo de entidades que deben su vida a la producción pero apuestan a las finanzas, les cabrían las palabras de Dante: "Dejad toda esperanza los que entráis".

Pasarse al enemigo

Allá por mediados del siglo XX, resultaba inimaginable que una ciudad o un municipio apostaran sus dineros a la especulación financiera. Los alcaldes procuraban recaudar lo más posible y gastar de la mejor manera. Si se lograba el equilibrio, se habían hecho bien las cosas; si, en cambio, el balance era deficitario, se pedía un préstamo y se procuraba administrar mejor. Se buscaba crear fuentes de trabajo para alimentar esa rueda beneficiosa. Los alcaldes no jugaban a la ruleta financiera.

Todo cambió en la última década del siglo pasado. El capitalismo había pasado de ser productivo a financiero, y ya no eran Detroit y sus autos los que marcaban el ritmo de la economía, sino Wall Street y sus apostadores.

Randall Dodd, experto principal financiero en el Departamento de Mercados Monetarios y de Capital del Fondo Monetario Internacional, comienza un artículo suyo suponiendo que no debería haber demasiadas coincidencias entre ciudades europeas y ciudades estadounidenses. Sin embargo, sostiene Dodd, las finanzas modernas dicen otra cosa:

"A ambos lados del Atlántico, hay gobiernos locales que sufrieron pérdidas devastadoras por contratar derivados parecidos pero complejos. Estas operaciones fracasaron en parte debido a la crisis económica mundial, que demostró que muchas transacciones supuestamente sólidas eran más riesgosas de lo que creían los municipios. Con frecuencia, gobiernos locales sin gran experiencia financiera contrataron derivados fuera de mercados organizados o sin una central de compensación".

En el 2010, cuando Dodd publicó el trabajo, en Francia había 1.000 ciudades que atesoraban 11.000 millones en monto nocional de derivados activos, dice el experto, y aclara que el monto "nocional" es similar al valor facial de un bono. En Italia, recuerda el autor, son 467 ciudades las que acumulan derivados por 2.500 millones; y, aunque no hay datos precisos, se calcula que en Alemania hay cerca de 50 ciudades que tienen derivados.

En los Estados Unidos, el monto total de derivados en manos de los municipios va desde 250.000 a los 500.000 millones, tal cual consigna nuestro autor.

Estas jugadas especulativas por parte de las administraciones municipales no siempre acaban de la mejor manera, como en su momento lo demostró Roma.

"De un lado y otro del Atlántico hubo desastres financieros que terminaron ante los tribunales. Ciudades y condados de Alabama, California, Ohio y Pensilvania sufrieron cuantiosas pérdidas y, como en Europa, hay muchos municipios que no revelan los malos resultados, supuestamente para evitar la vergüenza y las consecuencias políticas. Eso significa que no se conoce la magnitud exacta de las pérdidas en ambos continentes".

Lo cierto es que, sin la pericia de los expertos financieros, los alcaldes comenzaron entrando en el negocio con derivados relativamente sencillos de manejar, como los *swaps*, pero cuando la crisis económica volvió imprevisible la variación de las tasas de interés y comenzaron las pérdidas, los municipios procuraron resarcirse, al menos en parte, y apostaron a derivados más complejos y, como dice Dodd, más exóticos.

Explica el experto financiero del FMI:

"Una variante compleja de estos *swaps* es un derivado exótico conocido como 'bola de nieve' que provocó pérdidas en ciudades como Pforzheim, en Alemania, y St. Etienne, en Francia (que también sufrió cuantiosas pérdidas en *swaps* en divisas, en libras esterlinas y francos suizos). El valor de las bolas de nieve también se deriva de la diferencia entre las tasas de interés a corto y a largo plazo, pero en esta variante el pago de un período no puede ser inferior al pago anterior. Eso significa que un movimiento desfavorable de las tasas de interés, por más que sea pasajero, incrementa todos los pagos siguientes hasta el vencimiento del contrato, que puede durar décadas. Es un buen negocio para la parte favorecida, que rara vez resultó ser un municipio".

Luego de recordar casos concretos en los que la utilización de derivados financieros provocó grandes pérdidas a ciudades y municipios, Randall Dodd, con la autoridad que le da, recordamos, el ser experto principal financiero en el Departamento de Mercados Monetarios y de Capital, del Fondo Monetario Internacional, concluye:

"Las pérdidas causadas por muchas de estas operaciones de derivados crearon graves problemas en los gobiernos locales. St. Etienne, Pforzheim y el condado de Jefferson tuvieron que bajar el gasto considerablemente, recortando servicios y posponiendo o limitando la inversión pública en infraestructura, lo cual desaceleró la actividad económica real".

Dodd concluye que, para que todo esto no siga ocurriendo, las ciudades y municipios deberían estar obligadas a contratar especialistas que puedan asesorar en inversiones de este tipo.

Pareciera, en cambio, que un municipio, una ciudad o un país deberían abstenerse de participar en un juego financiero tan alejado de la economía real, de la que ellos viven y para administrar y estimular la cual le confiaron su voto sus conciudadanos.

Todo lo que sube artificialmente...

La crisis financiera (que luego se transformaría en económica) del 2008 puso en evidencia que, cuando el sistema financiero estalla, todo vuela por los aires. Además, demostró que, cuando esto ocurre, el poder político mundial tiene como prioridad salvar a esas entidades financieras antes que ocuparse de la sociedad; de la gente, en suma.

"La Gran Recesión", como se la conoce hoy, comenzó en agosto de 2007, en los Estados Unidos, pero recién a finales de ese año comenzó a hacerse visible en el resto del mundo desarrollado; en particular, en países como España, Italia, Portugal, Irlanda, etcétera.

Se dice que la gran recesión es hija de una brutal burbuja inmobiliaria que sufrió el primer pinchazo allá por agosto del 2007. O sea, la peor crisis económico-financiera desde 1929 sería, para algunos analistas, obra de las hipotecas *sub prime*.

Joseph Stiglitz es mucho más profundo en el análisis:

"La economía global necesitaba un consumo en aumento permanente para crecer; pero ¿cómo podía seguir siendo así cuando los ingresos de muchos estadounidenses llevaban tanto tiempo estancados? Los estadounidenses encontraron una ingeniosa solución: pedir prestado y consumir como si sus ingresos estuvieran aumentando. Y vaya si pidieron prestado. Las tasas medias de ahorro cayeron a cero y, como muchos estadounidenses ricos estaban ahorrando cantidades sustanciales, los pobres tenían una alta tasa de ahorro negativo. En otras palabras, se estaban endeudando profundamente".

Como tan lúcidamente lo plantea Stiglitz, la economía global, que necesitaba un aumento de consumo para poder crecer, no optó por una mayor distribución de la riqueza vía aumentos salariales, por ejemplo. Tampoco optó por un aumento en la productividad (vía inversión) que permitiese un descenso de los precios. No; decidió accionar sus palancas financieras, tal cual viene haciendo desde finales del siglo pasado.

El mecanismo para poder prestar dinero fueron las hipotecas. Créditos con garantías hipotecarias, que a su vez podían ser vendidos por los bancos a otras entidades financieras, en un paquete que incluía otros derivados.

Se otorgaban créditos a gente que no calificaba, incluso gente sin trabajo estable, o se concedían créditos que superaban el valor del inmueble implicado, confiando en que el precio de las propiedades seguiría subiendo indefinidamente.

Dice Stiglitz:

"La economía estaba desajustada: entre dos tercios y tres cuartos de la economía (del PIB) estaban relacionados con la vivienda; con la construcción de nuevas casas o la compra de contenidos para equiparlas, o con préstamos sobre viviendas de segunda mano para financiar el consumo. Era algo insostenible. Y no se sostuvo".

Todo lo que sube artificialmente, en economía, cae de manera real. Y, cuando todo estalló, los productos que los bancos habían ideado, incluyendo créditos hipotecarios, se convirtieron en productos tóxicos que circulaban por el mundo desarrollado. Tóxicos porque esos créditos hipotecarios eran incobrables. El precio de las propiedades se derrumbó de tal manera que los deudores ni vendiendo el inmueble podían cancelar las hipotecas.

La crisis se generó en los Estados Unidos, pero la resolución por vía del estallido golpeó con mucha más violencia a los países de la llamada periferia europea.

En España (una de las mayores víctimas de la burbuja inmobiliaria), por ejemplo, el auge inmobiliario comenzó en 1997 con la reclasificación de suelos edificables, y, consecuentemente, el crecimiento de la industria de la construcción, que comenzó a ser la gran locomotora de la recuperación económica que España disfrutó en los años 90.

En 2008, cuando la burbuja inmobiliaria estalló, la construcción, junto con los sectores que derivan de ella, suponían alrededor del 34% del PIB de la economía del país. La crisis golpeó como una maza sobre la relativamente desajustada economía española, pero golpeó más cruelmente sobre la cabeza y los bolsillos de los trabajadores. En 2012, el Banco de España dio a conocer un trabajo sobre la crisis en España, con la autoría de Eloísa Ortega y Juan Peñaloza. Allí, los autores hacían una perfecta radiografía de lo que fue (y sigue siendo) el precio que la crisis le cobró al empleo:

"Como se ha señalado, el nivel medio de remuneración por asalariado ha aumentado moderadamente desde 2008, pero detrás de este crecimiento se oculta un comportamiento salarial muy expansivo en los años de mayor descenso de la actividad (2008-2009), con crecimientos anuales superiores al 5%, seguidos de incrementos prácticamente nulos [...] En el mismo período, sin embargo, el empleo ha caído en más de dos millones de personas y el número de desempleados ha aumentado hasta situar la tasa de paro en niveles superiores al 21% al concluir el 2011".

Es obvio que una leve mejora en el nivel general de salarios no puede compensar en absoluto un nivel de desempleo superior al 21%. Cifra que en enero de 2015 se ubicaba ya en el 23,2%.

Rescatar al victimario

Desde finales de la década de los 70 en adelante, el sistema financiero (altamente especulativo) fue produciendo un efecto de ametralladora, de crisis a repetición. Crisis de las que el propio sistema financiero salió casi indemne, dejando a sus espaldas cientos de miles de víctimas.

La gran recesión parece haber llegado a lo más alto de la crueldad social. En España, por ejemplo, la crisis destruía puestos de trabajo cada día, mientras las entidades financieras recibían dinero de todos los ciudadanos para salvar sus propias deudas. El país, que antes de la debacle financiera tenía una ratio de deuda pública-PBI envidiable (36,3% del PIB), debió elevarla peligrosamente al contraer deuda destinada a rescatar financieramente a los bancos, llevando la relación en 2013, cuando concluyó el rescate, a 93,4% del PIB. En su *Nueva historia de las grandes crisis financieras*, Carlos Marichal apunta:

"Debe quedar en claro que la crisis de 2008 y 2009 no es menor. Ha causado más bancarrotas y mayor desempleo que cualquiera otra desde los años de 1930 a 1933. Además, los enormes volúmenes de deuda pública que acumulan los países más ricos para financiar los rescates bancarios no tienen precedentes históricos".

Pero salvar a los bancos a costa de contraer deuda pública por parte de los Estados no es neutral para la población. Los acreedores, sea el Banco Central Europeo, el Fondo Monetario Internacional o cualquier otra entidad de crédito, reclaman el pago de las acreencias, y para eso le exigen al Estado en cuestión una política de austeridad que se descarga, directamente, sobre la población: se recortan asistencia social y seguros de desempleo; se eliminan puestos de trabajo en las dependencias públicas. O sea, lo paga la gente con sus privaciones.

Aunque perverso, el mecanismo de crisis y salvataje producido por el propio sistema financiera que, a la postre, lo tiene como beneficiario, es explicado por el economista Jesús Rodríguez Barrio:

"El endeudamiento público es el problema fundamental de la crisis económico-financiera en la zona euro. El factor objetivo: la pésima arquitectura del sistema monetario europeo, destinada exclusivamente a crear un paraíso para la especulación financiera y que ni siquiera garantiza la supervivencia futura de la unión monetaria como un espacio económico unificado. El factor subjetivo: para la oligarquía financiera europea, la crisis de la deuda es una gran ocasión para poner en práctica todo aquello que siempre soñó (desmantelamiento del Estado de bienestar, reducción de las prestaciones…)".

Se calcula que, entre 2009 y finales de 2013, el Estado español ha inyectado capital en los bancos para evitar las quiebras por un valor aproximado de 100.000 millones de euros, algo así como 2.175 por cada español. Pero no sólo España debió acudir a endeudar a su población para salvar a sus bancos. También Grecia, Irlanda y en último término Portugal debieron solicitar dinero de los organismos de crédito para rescatar a sus respectivos sistemas financieros.

Las nuevas asociaciones ilícitas

Más allá de consideraciones de orden financiero o económico exclusivamente, hay analistas que afirman que el nuevo capitalismo rentístico-financiero tiene mucho más de fraudulento que de financiero.

El juicio ganado por los fondos buitres en Nueva York, en el juzgado de Thomas Griesa contra la República Argentina, es una muestra, concluyen estos analistas, del concubinato entre fondos de inversión ultraespeculativos con sectores del poder judicial, no sólo en los Estados Unidos.

A mediados de 2014, el francés Jean-Francois Gayraud, comisario principal de la Policía Nacional francesa, publicó un libro titulado *El nuevo capitalismo criminal*.

Entrevistado por Pierre Verluise, Gayraud dijo refiriéndose a la crisis del 2008:

"La burbuja inmobiliaria fue creciendo al impulso de prácticas crediticias totalmente fraudulentas. Cientos de miles de préstamos estaban viciados por defectos muy simples: falsedad documental, abuso de confianza, estafas, cláusulas abusivas, etc. Mediante la titulización y con la ayuda de agencias de calificación complacientes o abiertamente mendaces, estos fraudes fueron a parar a los famosos 'productos financieros innovadores', vendidos sin prudencia ni consejo en los mercados de Wall Street. La burbuja financiera, a su vez, se hinchó a partir de auténticos fraudes. Por eso se dice que la crisis de las *subprime* podría denominarse, sin exagerar, crisis de las *subcrime*".

Gayraud no es, precisamente, un novato en esto de darle un marco delictual a cierto accionar del capitalismo financiero especulativo desregulado. Lo ha hecho en *El gran fraude*, un libro de 2011, en donde abordaba la misma cuestión.

El autor insiste en que, a su entender, no hay crisis financieras. Estrictamente hablando, lo que hay son crisis políticas.

"En consecuencia, hay que cuestionar los mecanismos legales y las políticas que permiten remontar a esos sistemas tan descontrolados y criminógenos. Y este razonamiento nos lleva a preguntarnos cómo se aprueban las leyes de desregulación y cómo se hacen las elecciones. ¿De dónde sale el dinero para las campañas electorales y cuánto procede del *lobby* financiero?"

No es casual lo que afirma Gayraud. Sin ir más lejos, se sabe que Paul Singer, el dueño del fondo buitre NML Elliot, financió con 5 millones de dólares a dos organizaciones encargadas de hacer *lobby* en contra de un acuerdo de paz entre Irán y Occidente. O que gastó más de un millón de dólares para "influir" en miembros del Congreso de los Estados Unidos para que estos apoyen su litigio contra Argentina.

¿Queda esto lejos de la crisis de las ciudades, tema que aquí nos ocupa? Lamentablemente no. Queda cerca, demasiado y criminalmente cerca.

Conclusión

Poco va quedando de ese mundo que emergió de la post-guerra, allá por 1945, cuando las grandes potencias, encabezadas por los Estados Unidos, decidieron que lo único que les permitiría reconstruirse y desarrollarse eran la paz y la prosperidad de las distintas sociedades, se hallasen estas en América, en Europa o donde fuere.

El Estado de Bienestar propuesto y diseñado por sir John Keynes se convirtió entonces en un principio fundamental para los países más avanzados, y muy pronto se pudieron saborear sus dulces frutos.

Pero llegaron las primeras crisis económicas, como consecuencia de una obstinada lucha política entre las dos superpotencias, saldo que había dejado el final de la guerra.

La puja entre los Estados Unidos y la URSS viajó hacia América Latina, hacia el África y hacia Medio Oriente, en donde habría de estallar la "Guerra de los 6 días". Pero, más que eso, se dio el final de un proyecto nacido desde las entrañas del dolor que habían dejado los millones de muertos de la Segunda Guerra Mundial.

Desde entonces, el mundo fue cada vez peor.

En 1979 asumía Margaret Thatcher como Primer Ministro en Inglaterra, y dos años después, Ronald Reagan era presidente de los Estados Unidos. Juntos comenzaron a diseñar un mundo en el que ya nada quedaría de solidaridad y bienestar. El reagan-thatcherismo sería la primera experiencia del darwinismo social que, a partir de entonces, rige la vida de los hombres en el planeta Tierra.

Pero la sociedad Reagan-Thatcher apenas había puesto la piedra fundamental del nuevo edificio económico-político que se aprestaba a levantar un capitalismo de nuevo cuño: el capitalismo rentístico y ultraespeculativo.

El formato final de ese modelo, en el que las personas son apenas un dato estadístico, llegó en 1989, cuando John Williamson proclamó ante el mundo las nuevas reglas que Washington pretendía que rigieran en el universo.

Nacía un fundamentalismo de mercado que habría de levantar casi todas las barreras que, hasta entonces, alzaban los Estados para protegerse de la rapiña financiera. Desregulación, privatizaciones, opacidad financiera, paraísos fiscales, elusión y evasión fueron parte del catecismo del nuevo capitalismo rentístico.

La cereza del postre, o la cucharada de cicuta para la mayoría de los seres humanos, apareció a mediados del 2007, cuando descontrolados niveles de especulación y de instrumentos financieros dignos de un casino de Las Vegas golpearon con violencia al mundo desarrollado y lo sumergieron en una "gran recesión", sin final a la vista pero que, cuando acabe, dejará millones de víctimas.

La "gran recesión", con sus consecuencias de endeudamientos salvajes de países, trajeron bajo el brazo una nueva "peste", entre las muchas que el capitalismo rentístico ha desparramado ya: ciudades en bancarrota.

Aunque en verdad el germen ya incubaba en el sistema desde que el reagan-thatcherismo hizo su presentación en sociedad lo más cerca posible del vecino común.

La concentración de la riqueza y la gradual disminución de la clase media en los países desarrollados son en buena parte responsables de que ciudades enteras se vuelvan inviables.

A mediados de la década de los 70, en Estados Unidos el 1% de la población se alzaba con el 8% de la renta nacional. En el 2015, ese porcentaje supera el 21% del total de la renta que produce el país. También, a mediados de los 70, cerca del 65% de la población estadounidense vivía en barrios con ingresos medios. En 2015 la cifra supera apenas el 40%. Algo, seguramente, deberían explicar estos datos.

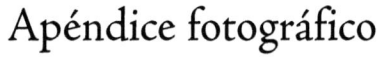

Apéndice fotográfico

Apogeo y ocaso de una ciudad

Arriba: Detroit, Michigan, 1911. Planta de automóviles Packard, edificio número 10. En plena construcción, la producción no se detenía. *Abajo*: menos de un siglo después, la empresa fue cerrando por partes. En 2013, alguien colgó en las ruinas un cartel que rememoraba el slogan nazi de los campos de concentración: *"Arbeit macht frei"* ("El trabajo os hará libres").

LOS PADRES DE LA CRIATURA

Arriba: Ronald Wilson Reagan (1911-2004) y su lápiz del ajuste feroz. *Abajo*: Margaret Hilda Thatcher (1925-2013). Ambos fueron los gestores de la era del neoliberalismo global. Extremo sostenedor de la prescindencia del Estado (salvo claro, para los bancos), Reagan ironizó una vez: "El gobierno no soluciona problemas; los subsidia".

Fotos: Archivos Federales. EE.UU.

LOS QUE PAGAN LAS CRISIS

Foto: Dorothea Lange

Arriba: California, 1930. Una madre que ha migrado del campo a la ciudad de Los Ángeles debe quedarse en las afueras, esperando el auxilio de quienes la dejaron sin trabajo. *Abajo*: la misma ciudad, en 2012. Una desempleada también pide ayuda, y aclara que ni es malhechora ni drogadicta.

Foto: Alex Proimos

Nueva York, más de lo mismo

Foto: Biblioteca del Congreso, EE.UU.

Arriba: ollas populares para desocupados en Nueva York, 1930. Poco antes, y con epicentro en Wall Street, la ciudad había anunciado el mayor crac financiero de la historia. *Abajo*: la misma ciudad en 2008, con entre 700 mil y 2 millones de seres humanos durmiendo en la calle, según el Centro Nacional de los Pobres y Carentes de hogar de Estados Unidos.

Foto: J.M. Suárez

Dos ciudades quebradas

Foto: Flickr/ Don Graham

Arriba: pintoresca imagen turística de San Bernardino, California. Entró en bancarrota en 2012. El cierre de la Base Aérea de Norton dejó a casi el 35% de su población bajo la línea de pobreza. *Abajo*: la también californiana Stockton, que creció bajo el impulso de la consabida "burbuja inmobiliaria". Se construyeron edificios y paseos como éste. Cuando todo estalló, no había policías ni bomberos en sus calles.

Foto: LPS/ Wikicommons

CRISIS DE CIUDADES EN MÉXICO

Foto: Protoplasma Kid/ Iván

Arriba: vista de México DF. Foto tomada en 2012 desde el Monumento a la Revolución, en la Delegación Cuauhtémoc de dicha ciudad. *Abajo*: dura cama en Hermosillo, Sonora. El pie desnudo sobre la piedra antigua. A finales de 2014, el DF tenía una deuda de casi 67.000 millones de pesos; Sonora, mucho menor, otra de casi 20.000 millones. Y había diez ciudades en grave emergencia.

Foto: Tomás Castelazo

España: corrupción y neoliberalismo

Arriba: 2012, aeropuerto de Castellón. Escultura *El hombre avión*, obra de Ripollés, satírico "homenaje" al corrupto funcionario Carlos Fabra, ya condenado a prisión. El aeropuerto no es apto para operar.
Abajo: abril de 2015. Tras la "burbuja inmobiliaria", una casa de cartón en el predio del elegante Museo Nacional de Arte Reina Sofía, Madrid.

ROMA, ¿LA ETERNA?

Foto: Jorge Royan

Arriba: piazza del Campidoglio. Este imponente palacio es la sede actual del Alcalde de Roma. Endeudamiento, "burbujas" y "contabilidad creativa" pusieron a la ciudad al borde del desastre en 2014. La amenaza la sobrevuela como a otras ciudades de Italia. *Abajo*: un desocupado pide limosna en Milán, en medio de la Via Montenapoleone, la elegante y famosa "calle de la moda".

Foto: Giovanni Dall'Orto

Bibliografía

Altschuler, Bárbara y Collado, Patricia A.: *Transformaciones en la vitivinicultura mendocina en las últimas décadas: el doble filo de la "estrategia cooperativa"*, Buenos Aires, Voces en el Fénix, 2015.

Alvater, Elmar y Mahnkopf, Birgit; *La globalización de la inseguridad. Trabajo en negro, dinero sucio y política informal*, Buenos Aires, Paidós, 2008.

Arnaz, Roberto: "Vallejo, la mayor ciudad del planeta en bancarrota", *www. economíaparatodos.net*, 2011.

Bolaños, Alejandro: "La deuda externa española suma 100.000 millones de euros más", Madrid, *El País*, 2015.

Briones, Carlos Roberto (Director); *Mapa de pobreza urbana y exclusión social*, San Salvador, FLACSO, 2010.

Calvo Cerda, Pedro: "Desarrollo y sustentabilidad de asentamientos precarios urbanos", Santiago de Chile, *Revista Invi* N° 40, 2000.

Calvo, A.; "Los universitarios de fuera de León dejan 3,2 millones de euros en la ciudad al mes", León, *Diario de León*, 2015.

Caranci, Carlo A.: "La fundación de Nueva York por los holandeses", Madrid, *Historia National Geographic* N°101, 2013.

Castells, Manuel: *Neoanarquismo*, Barcelona, *Diario La Vanguardia*, 2005.

Castro, Lucio y Agosto, Walter: *¿Cómo impactará la saga de la deuda en las deudas provinciales?*, Buenos Aires, CIPPEC, 2014.

Cembrero, Ignacio: "El contrabando fronterizo se dispara", Madrid, *Diario El País*, 2013.

Cenizo, Néstor: "Porteadoras en Ceuta: la economía levantada sobre el espinazo doblado", Madrid, *www.eldiario.es*, 2014.

Dodd, Randall: "Bombas municipales", Nueva York, *Revista Finanzas y Desarrollo* (FMI), 2010.

Echeverría, Javier; *Los señores del aire: Telépolis y el tercer entorno*, Barcelona, Destino, 1999.

Espinosa, Pedro: "Barbate, la esquina del paro", Madrid, *Diario El País*, 2015.

Fernández Llerena, Pablo Raúl: *Globalización, neoliberalismo y transnacionalización*, Buenos Aires, Sociología Política, 2008.

Fernández Rodríguez, Tomás-Ramón: *La España de las Autonomías. Un Estado débil devorado por diecisiete"estaditos"*, Madrid, Fundación Transición Española, 2013.

García Cruz, Fernanda: "Los ciudadanos más endeudados de México", México, *www.sinembargo.com.mx*, 2014.

Gayraud, Jean-Francois: "El nuevo capitalismo criminal", en *www.elmanifiesto.com*, 2014.

Giraldo Ruiz, Edwin: "¿Cómo puede una ciudad como Detroit, EE.UU., quedar en bancarrota?", Madrid, *Diario El País*, 2013.

González Amador, Roberto: "Pobres, 52 de cada 100 mexicanos en nivel tan alto como hace 20 años", México, *Diario La Jornada*, 2013.

Granda, David: "Nueva York era esto", Bogotá, *Revista El Malpensante*, 2014.

Güiraldes, Pablo: "¿Qué le pasó a Detroit?", Buenos Aires, *Diario Clarín*, 2013.

Hernández Becerril, Luz María: "La transnacionalización de los capitales en la globalización y las alternativas sociales", México, *Revista Convergencia* N° 19, 1999.

Krugman, Paul: "La recuperación de los ricos", Madrid, *Diario El País*, 2013.

Marichal, Carlos: *Nueva historia de las grandes crisis financieras*, Buenos Aires, Sudamericana, 2010.

Martín, Fátima: "*Wall Street Journal:* 'Una vez que finalice el boom inmobiliario, España volverá a la mediocridad del pasado'", Madrid, *El Confidencial*, 2007.

Merry del Val, Fernando y De Rivera, Díez: "La economía española y el estado de Las Autonomías", Madrid, *Revista ICE*, N° 826, 2005.

Metzner-Szigeth, Andreas: "El movimiento y la matriz. Internet y transformación socio-cultural", La Rioja, Argentina, *Revista Iberoamericana de Ciencia, Tecnología, Sociedad e Innovación* N° 7, 2006.

Montanyá Revuelto, Miguel: *Balance de las políticas de ajuste en la Argentina de la convertibilidad: destrucción económica y regresión social*, Madrid, Departamento de Economía Aplicada, Universidad Complutense de Madrid, 2014.

Moreno, Marco Antonio: "Roma se tambalea al borde de la quiebra al estilo Detroit", Madrid, *blogsalmón.com*, 2014.

Muciño, Francisco: "Los 10 estados que más deben y menos construyen", México, *Revista Forbes*, 2013.

Naredo, José Manuel: "El modelo inmobiliario español y sus consecuencias", Madrid, *Boletín CFS* N° 44, 2010.

Navarro, Vicenc: "Concentración de la renta, impuestos y estímulo económico", *www.fundacionsistema.com*, 2012.

Navas Handal, Claudia: *Precariedad urbana y servicios básicos*, San Salvador, Cepal, 2003.

Ortega, Eloísa y Peñalosa, Juan: *Claves de la crisis económica española y retos para crecer en la UEM*, Madrid, Banco de España, 2012.

Ortiz, Adriana: "Stockton, del 'boom del ladrillo' a ser la ciudad más grande de EE.UU.. en quiebra", Madrid, *Diario El Confidencial*, 2013.

Reyes Tépach: *La deuda pública de las entidades federativas explicada desde la perspectiva del federalismo fiscal mexicano*, México, Dirección General de Servicios de Documentación, Información y Análisis, Cámara de Diputados, 2013.

Ribeiro, Gustavo Luis: *Globalización y Transnacionalización. Perspectivas antropológicas y latinoamericanas*, Brasilia, Serie Antropológica, 1996.

Rius Oliva, Lluís: *Los señores del aire: Telépolis y el tercer entorno*, Catalunya, Universidad Oberta de Catalunya, 2004.

Rodríguez Barrio, Jesús: "El rescate de la banca y la crisis de la deuda", Madrid, *Revista La Marea*, 2015.

Salgado Andrade, Adán: "Decadencia y desindustrialización de Estados Unidos, centro del capitalismo salvaje mundial", Buenos Aires, *www.argenpress.info*, 2014.

Sánchez, Carlos: "La economía española se queda sin gasolina: bancos y cajas cierran el grifo a empresas y familias", Madrid, *El Confidencial*, 2007.

Senserrich, Roger: *Auge y caída de Detroit*, Madrid, Politikon, 2013.

Sin autor: *Asentamientos humanos*, México, Naciones Unidas-Centro de Información, 2007.

Sin autor: "Central Falls es declarada en ¡quiebra!", *www.acontecerlatino.com*, 2011.

Sin autor: "Ciudades ahogadas por la deuda", Madrid, *Diario El País*, 2014.

Sin autor: "Cómo reconstruir el futuro", Madrid, *Diario El País*, 2013.

Sin autor: "Inmigración clave en el renacimiento de Nueva York desde 1970", *www.economía-terra.com*, 2014.

Sin autor: "La crisis mundial de la pesca: aguas silenciosas", Madrid, *Revista National Geographic*, 2013.

Sin Autor: "La 'salud' de las ciudades se quiebra conforme crecen y aumentan las desigualdades", San Sebastián, España, *Periódico Gara*, 2010.

Sin autor: "Un latino al rescate", *www.reporteindigo.com*, 2013.

Stiglitz, Joseph: *Caída libre. El libre mercado y el hundimiento de la economía mundial*, Buenos Aires, Taurus, 2010.

Williams, Brian: "Jefferson, Alabama, se declara en bancarrota", *www.elmilitante.org*, 2011

Índice